易經

真的很容易

陕西师范大学出版总社

曾仕强 刘君政 著

图书代号：SK8N1243J

图书在版编目（CIP）数据

易经真的很容易 / 曾仕强，刘君政著. —西安：陕西
师范大学出版总社有限公司，2009.4（2023.7重印）
ISBN 978-7-5613-4625-9

Ⅰ.①易…　Ⅱ.①曾…　②刘…　Ⅲ.①《周易》—
研究　Ⅳ.①B221.5

中国版本图书馆 CIP 数据核字（2012）第 108794 号

易经真的很容易
YIJING ZHENDE HEN RONGYI

曾仕强　刘君政　著

责任编辑	侯海英
责任校对	张爱林
封面设计	小　马
出版发行	陕西师范大学出版总社
	（西安市长安南路 199 号　邮编 710062）
网　址	http://www.snupg.com
经　销	新华书店
印　刷	天津格美印务有限公司
开　本	860 mm × 1000 mm　1/20
印　张	8.5
字　数	150 千
版　次	2009 年 4 月第 1 版
印　次	2023 年 7 月第 5 次印刷
书　号	ISBN 978-7-5613-4625-9
定　价	32.00 元

读者购书、书店添货或发现印装质量问题，请与本公司营销部联系、调换。
电话：（029）85307864　85303635　传真：（029）85303879

【作者简介】

曾仕强教授

英国莱斯特大学管理哲学博士，人类自救协会理事长，
新人类文明文教基金会董事长，台湾交通大学教授，台湾师范大学教授，
台湾兴国管理学院首任校长。
著有《中国管理哲学》《中国式管理》《大易管理》《如何在36岁以前成功》
《胡雪岩的启示》《曾仕强剖析胡雪岩商道》《易经的奥秘》等数十种。

刘君政教授

美国杜鲁门州立大学教育行政硕士，台湾师范大学教育学士。
历任台湾师范大学、彰化师范大学、高雄师范大学教授，胡雪岩教育基金会理事。

前言

　　《易经》的道理，看起来非常艰深，实际上十分简单，否则凭什么叫做"易"经呢？

　　宇宙万象千变万化，可以用"错综复杂"来形容。在这错综复杂的现象背后，有一个简单明了的宇宙秩序，也就是变化的原则，称为"一阴一阳之谓道"。

　　一阴一阳，指的是两个符号。"⚋"代表"阴"，而"⚊"表示"阳"。说它们不一样，就真的不相同——阴是中断的，而阳则是没有中断的。说它们一样，也就真的相同——阳是一小段直线，阴不过是再加上一小段直线，有什么不一样？这就产生了"物极必反"的概念，一个"⚊"算"阳"，再加上一个"⚊"，变成"⚋"。反过来，一个"⚋"是"阴"，再加一个"⚋"，变成"⚏"，太多也太密了，干脆连接在一起，不就成了"⚊"，便是"阳"了。于是又引申出"事不过三"的概念，四太多了，限制在三以内。伏羲氏只画三画卦，不画四画卦，影响到后代子孙，谨守"无三不成礼"的原则。

　　用现代的话来说，用"0"（阴）和"1"（阳）两个数字，在电脑上玩排列

1

组合的游戏，相当于伏羲氏当年，用"**⚋**"（阴）、"**⚊**"（阳）两种符号，玩排列组合的游戏。每卦由三个符号组成，每一个符号都有"**⚋**"和"**⚊**"两种可能，于是出现八种不同的组合，那就是"☰"、"☷"、"☳"、"☴"、"☵"、"☲"、"☶"、"☱"，即为"八卦"。一个不能多，也一个不能少。

伏羲氏是一个人的名字，还是一群人的代表，我们不必管它，留给考古学家去伤脑筋。甚至于根本没有这个人，或者那时候的人类还没有取名字的习惯，也不干我们的事。

我们只知道，伏羲氏画卦，目的或许是为了造字。透过占卜的符号游戏，来推行识字教育，没有把"神"搬出来，说"神"是一切的主宰，使我们得以进入"人本位"的大门，却没有"神本位"的想法——中华民族有信仰而没有宗教，和《易经》有十分密切的关系。我们对于"神"的认识，相对也很单纯，觉得神奇、神妙、神灵、神明，并没有太大的威势，只要敬而远之，便可以相安无事。

我们把"道"看得比"神"更重要。《易经》指出：道有"天道"、"人道"、"地道"。人居天地之中，必须顶天立地，上半身依"天道"，下半身重"地道"——下学地道的种种知识，以求活命；上达天道的精神修养，来提升人生的价值。"道"至少有三种层次：最高是"不可说的"，其次是"很难说的"，还有"可以说的"。可以说的部分，我们把它称为"秩序"、"规矩"、"制度"、"法则"。

在伏羲氏的时代里，人类生活在自然状态中，伏羲氏借由观察大自然种种景象，采用一阴（**⚋**）一阳（**⚊**）两个符号，将人类比较熟悉、和生活密切相关的八种景象，以八卦来表示，告诉大家应该遵守的规矩，与必须保持的秩序。从共同认可的法则中，建立起若干制度，实在有很了不起的贡献。

周文王看到商纣王暴虐无道，人民无辜受苦，唯恐好不容易建立起来的政治理念和社会秩序，遭受扭曲和破坏而逐渐丧失或造成错乱。于是把八卦两两相重，两个单卦重叠起来，成为六十四个重卦。八八六十四，同样是排列组合的必然结果，一个不能多，也一个少不了。

他把毕生累积的宝贵心得和难得经验，透过卦辞和爻辞，分别加以注解，利用大众关心未来变化，又喜欢趋吉避凶的心理，设计出一套占筮的方法，一方面掩饰自己的用意，逃避纣王的迫害；一方面也经由大家的占卜，推广宇宙秩序的观念，使其继续发扬光大。

周朝创立之后，设置正式的占筮官员，每遇国家大事，便占卜成卦。相当于向君王作一次政治哲学的专题报告，也促使大家对天人合一有进一步的认识。由此可见，周文王以神道设教的苦心，令人由衷敬佩。

孔子生长在混乱的春秋时代，对于乱臣贼子的不守秩序，十分厌恶；看到暴君污吏的横征暴敛，更是深恶痛绝。于是根据《鲁史》而作《春秋》，目的在使乱臣贼子心生畏惧而改变作为。但是作《春秋》原本是天子才能做的事情，孔子不是天子，恐别人说他僭越，所以有"知我者其惟春秋乎！罪我者其惟春秋乎"的感慨。后来他研究易理，既欣赏周文王以神道设教的方式，又担心占卜被误用，搞不好就会造成严重的迷信——盲目接受占卜的结果，等于放弃可贵的自主性和创造力，对人生的意义和价值，都有负面的影响。这才为《易经》作传，希望把《易经》的道理，说明得更加符合时代的要求。

孔子生时，距离周文王重卦，已经有五百年之久。种种变迁，使他不得不说出一些和卦爻辞不一样的话。他的重点，在把宇宙秩序和人生规律，更加紧密地连结起来，并且加强道德实践的重要性，把它视为趋吉避凶能否有效的根本要素。后人把这些注解《易经》的传，称为"十翼"。因为一共算起来，刚好有十种。好比为《易经》添加了十只强有力的翅膀，从此振翼高飞，可以发挥大用了。我们把易理的弘扬，当做大用；而将占卜的功能，看成小用。希望大家多多研究易理，透过"象"、"数"、"理"的连锁作用，来掌握未来的变化，寻求趋吉避凶的有效途径。

"象"就是现代常说的现象，"数"代表我们十分重视的数据，而"理"便是依据现象和数据，推论出背后的道理。说出为什么会这样，而又必然产生哪些后果，我们现代把这种过程，叫做推理。

推理和占卜，其实可以联合运用。资讯充足，数据准确时，当然方便推理。若是资讯不足、数据缺乏，而自己又拿不定主意，或者左右为难，以致摇摆不定时，便可借由占卜，来找到自己的定位。这对寻求此时、此地最合理的平衡点，很有助益。

前述针对《易经》的介绍，是不是完全符合真实情况，我们没有十足的把握。其实，经历如此漫长的岁月，对于历史的真实状况，恐怕谁也没有把握。作为一个忠诚的易理实践者，我们只是按照象、数、理的连锁作用，把它推论出来，为易学的传承略尽一份微薄的心力而已。

目录

第一章　易经是什么样的学问?

《易经》是"天人合一"的学问,
真正有助于人类与自然的和谐共存。

是协助我们做好"精确定位"的学问,
能达成"新旧接轨,中西定位"的目标。

也是"未来变化"的学问,
把定位和时间的变迁因素一并考虑。

当然是"趋吉避凶"的学问,
使我们能明白是非,做好正确的选择。

更是"以德为本"的学问,
道德修养可以改变我们的命运。

现代成为"永续经营"的学问,
宇宙人生都应该生生不息,继旧开新。

一、是一门天人合一的学问

很多人怀疑，我们的祖先有那么高的智慧？在古老的时代，什么科学基础都没有，一下子就能搞出这么高明的《易经》，是怎么做到的？

我们常说"神仙中人""神乎其技""神奇不测"。《易经》很可能是"神来之笔"所留下来的痕迹，透过"神道设教"，使大家逐渐"神而明之"，达成"神机妙算"的效果。只要对"神"不"神经过敏"，便能"神通广大"地"神之又神"，过着"神怡心旷"的美好日子。

人可以略分为两种：一为"万物之灵"，一为"万物之贼"。"万物之灵"能够研究天道，探索宇宙自然的道理，把它应用于实际的日常生活之中。换句话说，也就是具有天地万物合一的"天人合一"观念，使百姓尊敬如神。后者则仍然存有"人同兽争"的旧观念，只知道以科技代替人力，来战胜其他动物，导致环境破坏、物种大量消失，当然会被归类为万物之贼。

"天人合一"是自然界与人类和谐共存的美好境界，不但可以消解天人交战的紧张与焦虑，而且能够调和人文与科技的异质相通。在科技发达的现代，尤为重要。

《易传》告诉我们，自然界的变化，并不是由于某种超然的或外在的动因所造成。它的变化，是由于宇宙的原动力，也就是阴和阳的互动、交感，可以说是天人互动、交感的结果。我们必须在"天定胜人"和"人定胜天"的合一中，找出"人之所以为人"的合理定位。在敬天、顺天、事天的大原则下，发挥人类的潜力，谋求天下太平。

天
- 西周以前，天就是上帝
- 孔子以后，天代表自然界
- 天的功能，在运行与生长
- 自然的道理，称为天道
- 人最好要知天命

人
- 万物之灵 —— 中人以上
- 万物之一 —— 中人
- 万物之贼 —— 中人以下

天人合一
- 人与自然和谐共存
- 消除天人交战的紧张与焦虑
- 调和人文与科技的异质相通

二、是一门精确定位的学问

当今地球村时代，大家最期待的，莫过于"新旧接轨，中西定位"。现代人的定位，最好能达到这样的目标。

近百年来，我们饱受"求新求变"的折磨，盲目地把"新"当做进化的象征，断定一切旧的，都不如新的。殊不知《易经》的"易"字，一方面有"变易"的意思，而另一方面，也有"不易"的需求。凡是盲目求新，一味地求变，便是只看到"变易"，却严重地忽略了"不易"。

"不易"是常则，这种变中之常，是超越时空的，无所谓新旧。《易经》的"经"字，便是不变的道理，必须经常当做遵守的法则。我们最好明白："生活的方式可以变，而生活的法则不能变。"这种持经达变的精神，有所变也有所不变，才是值得长期保持的"应变"（意思是应该变的才变，不应该变的不能变），以便找出精确的定位。

中西文化，各有不同的取向和内涵，合乎阴阳互动共存的道理。有时"东风压倒西风"，有时"西风压倒东风"，才符合"风水轮流转"的法则。现代出现某些"西方文化消灭东方文化"或"东方文化融合西方文化"的主张，不符合"多元互动"的需求，显然不可能。

《易经》的"易"字，另外有一个"交易"的意思。中西文化做出合理的交易，属于正常良好的现象。但是要求融合为一，不必要也不可能。彼此精确定位，各领风骚，才是不易的道理。在全球化的浪潮中，各自扮演合理的角色，以和合、和平、和谐的精神，争做世界的主流文化。

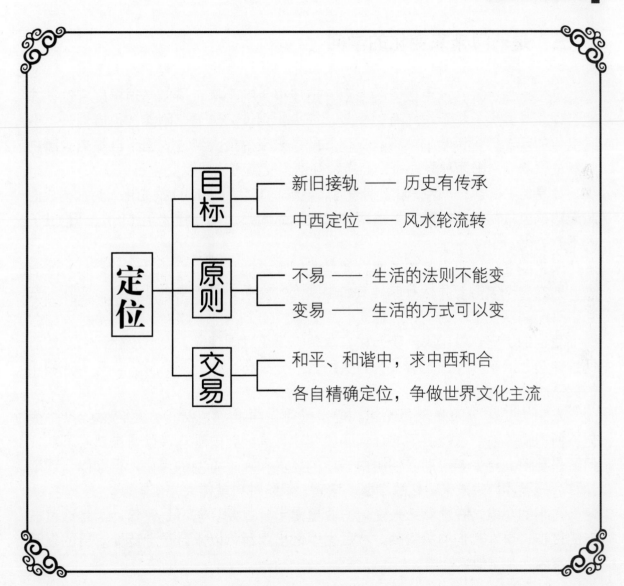

定位

目标
├── 新旧接轨 —— 历史有传承
└── 中西定位 —— 风水轮流转

原则
├── 不易 —— 生活的法则不能变
└── 变易 —— 生活的方式可以变

交易
├── 和平、和谐中，求中西和合
└── 各自精确定位，争做世界文化主流

三、是一门未来变化的学问

定位之后，又会产生很多的变数，造成很大的干扰，所以必须再度定位，才能合理。《易经》提示很多有关反复、往来、周流、进退、刚柔、盈虚消长、穷通变化的观念，告诉我们"不断变化"就是未来的最大特性。因为自然中的事物必然依循着阴、阳两种原动力，而持续互动、交感着，所以变化无穷。

《易传》指出"一阴一阳之谓道"。电脑问世之后，0和1的变化无穷，构成浩瀚无边的互联网络——其实上述两种说法殊途同归，都在描述阴（0）、阳（1）的不断变化。

未来的变化，有一定的规律，便是我们常说的"道"。《易经》最基本的信念，即在整个宇宙都井然有序。有如中国人的交通，看起来杂乱无章，实际上却乱中有序。

我们的历史，看起来千变万化，单单一部《三国演义》，就变化无穷。然而仔细体会，原来和《三国演义》开头所言"分久必合，合久必分"，有十分密切的关系。

未来会变化，因此需要预测。但是预测得再准确，测定之后仍然会产生变化，所以测不准。既然测不准，何必要测？《易经》的观念，就是虽然测不准，但还是要测。至少能帮助我们明白当前的处境和未来可能的变化，再加以合理地调整。一旦我们对未来变化的掌握度增高，风险性也就能大幅度降低。

占卜的功能，在预测未来变化方面显得十分重要。它不是迷信，而是透过占卜的过程，引发我们的第六感。然后据以做出判断，以求合理地选择。目的在于趋吉避凶，别无他意。

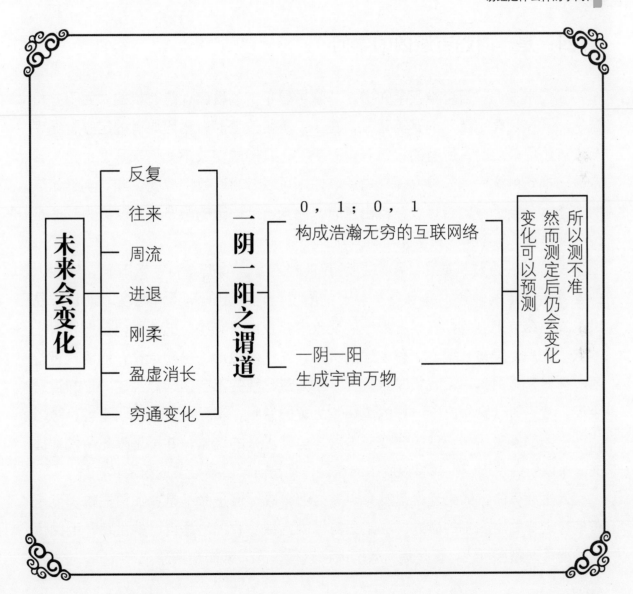

未来会变化

- 反复
- 往来
- 周流
- 进退
- 刚柔
- 盈虚消长
- 穷通变化

一阴一阳之谓道

0，1；0，1
构成浩瀚无穷的互联网络

一阴一阳
生成宇宙万物

所以测不准
然而测定后仍会变化
变化可以预测

四、是一门趋吉避凶的学问

我们常说："万金难买早知道。"意思是宇宙的秩序，是有机的，并不是机械的。"一切有定数"的真实意义，在于"不想改变时，依照原有的定数，循序渐进；想要改变时，原有的定数可以改变"，其中的变或不变，实际上也是一种定数。换句话说，人如果发挥自由意志，便可以做出有效的改变，和"创造论"的主张十分接近；人若是放弃自由意志，完全听从命运的摆布，那就成为"命定论"的一员，怨不得天，也尤不得人。

《易经》透过卦象和卦辞，提示我们趋吉避凶的道理，宇宙万象，实际上都遵守着一定的轨道，并且各有一定的限度。这一定的轨道和限度，便是《易经》的不易法则。我们在"变易"的现象中，找出"不易"的法则，自然能对于本末、先后、轻重、缓急，有合理的辨别，并据以做出正确的选择，期能趋吉避凶。在日常生活当中，我们时常听到"早知道，我就不会这样做"、"早知道有今天，我当时就会做出不一样的选择"之类的感叹，实际上就是不明事理，难以趋吉避凶的不良后果。吉凶往往是事后才呈现出来的结果，并不是事先所能掌握的。所以研究易理，寻找趋吉避凶的途径，便是研读《易经》的重要目的之一。

人生而有命，如果连命都没有，怎么活得成？但是命不是直线前进的，而是有多重选择的。人生的命运，决定于自己的选择。我们才是自己的主宰，经由慎重的选择来趋吉避凶，便是最有效的改命途径，人人都能走得通。

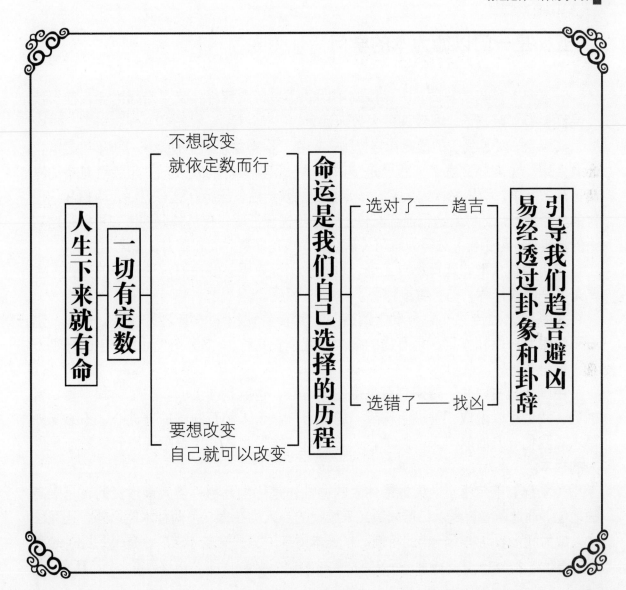

人生下来就有命 — 一切有定数

不想改变
就依定数而行

要想改变
自己就可以改变

命运是我们自己选择的历程

选对了——趋吉

选错了——找凶

引导我们趋吉避凶
易经透过卦象和卦辞

五、是一门以德为本的学问

《易经》所用的辞句，大多隐晦不明。历来各家解释，又多牵强附会，使得读《易经》有如解谜语，以致许多人敬而远之。

实际上，《易经》的最高指导原则，就在"积善之家，必有余庆；积不善之家，必有余殃"（坤卦文言），意思是多做好事，积累善行的人家，一定会有充裕的喜庆；常做坏事，积累恶行的人家，一定会留祸殃给后代子孙。这一席话，有如我们现代的交通信号灯，绿灯通行而红灯停止，是不需要证明，自然如此的。如果怀疑这句话的真实性，恐怕再怎么努力研习《易经》，也是枉费时间和精力，毫无用处。

占卜得再精准，选择得再正确，也不能保证效果必然良好。这当中的变数，主要是关乎品德修养，与行善或作恶。

《系辞》上传"一阴一阳之谓道"，紧接着便指出"继之者善也"——一阴一阳的相互对待和作用，是万物的根本，我们把它称为"道"；而继承道的开创万物，便是"善"。

中国人自古以来，普遍具有高度的上进心，也就是向上心。"上"和"善"音相近，我们可以说成"善进心"或"向善心"。人人都有向善的善进心，不必向外寻求。我们一方面以"人"为本，一方面以"德"为本，便是把道德修养看成是做人的根本。

《系辞》下传指出：天地最伟大的德性，是化生万物；圣人最珍贵的，是崇高的地位。而此两者皆是以仁德和道义来维持的。人类在食、色两种本能之外，还有仁义，成为和一般动物不一样的特性。"德本财末"、"德本才末"，是《易经》给我们的重要观念，对一切向钱看，而又特别重视才能的现代人来说，应该显得十分有意义。

以德为本 ┬ 德本财末 ┬ 一阴一阳之谓道，继之者善也 ┬ 上（善）进心 ┬ 积不善之家，必有余殃 积善之家，必有余庆 ┬ 人除了食色本能
       └ 德本才末 ┘   └ 向上（善）心 ┘   └ 还有仁义

六、是一门永续经营的学问

《易经》的宇宙观，把宇宙看做有机的整体，生生不已。《易经》的八卦，代表宇宙大家庭的基本成员："乾"象征父亲，"坤"表示母亲；"震"为长子，"坎"为次子，"艮"为幺儿子；"巽"为长女，"离"为次女，而"兑"为幺女儿。这乾、坤、艮、兑、震、巽、坎、离，相当于宇宙家庭的一家八口，成员虽然不多，却能够相互交感而持续繁衍，生生不息。

"生生不息"用现代话来说，便是永续经营。不但我们这一代要过得好，也要让后代子孙能够过好的生活。今日的环境保护、生态保育，以及节能减耗，都是人类追求永续经营时，在生活上的必要措施。《易经》指出八卦相乘，化为六十四卦，代表生生不息，其基本原则即在于"致中和"。

当今地球村时代，和平与发展必须相辅相成，缺一不可。"和"的思想，不能只是一种愿望、祈求或理念，应该落实在现实生活中。唯有"和而不同"，才能有效化解全球化与本土化的冲突和抗争。世界要和平、人民要合作、国家要发展、社会要进步，人类就必须努力"致中和"。

近四百年来，由西方主导，大家认为理所当然的价值取向、文化目标、普世要求，已经造成科技发展、经济成长和文明交会失去控制的乱局，导致地球村能源被浪费，自然生态被破坏，社会正义被漠视，弱势族群被欺压。地球村想要永续经营，必须发扬《易经》的精神，才会再度扬起希望。

"既济"卦之后，出现"未济"卦，象征生生不息，终而复始。天地之大德曰"生"，人类却需要自己"致中和"，才能获得天佑。

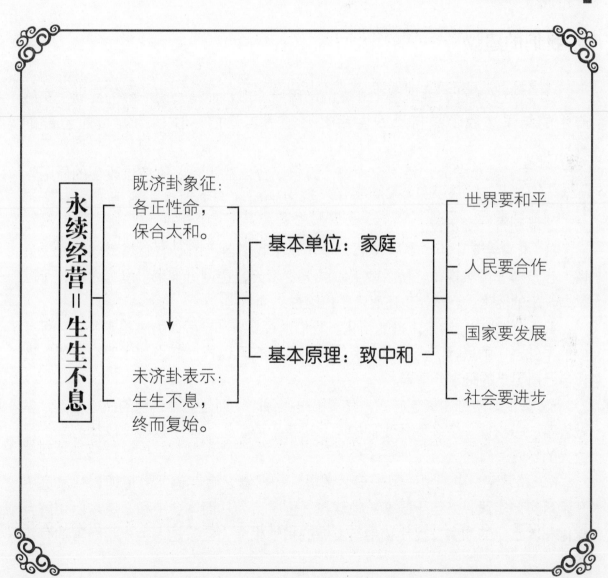

永续经营＝生生不息

既济卦象征:
各正性命,
保合太和。

未济卦表示:
生生不息,
终而复始。

基本单位:家庭

基本原理:致中和

世界要和平

人民要合作

国家要发展

社会要进步

我们的建议

1．自然的变化，并非由于外在的动因所造成，而是一阴一阳的互动、交感产生的结果。我们是自己的主宰，必须为自己的所作所为，负起全部的责任。

2．定位就是守分，每一个人都做好自己分内的事情。不应该改变的原则，就必须确实遵循；应该改变的方式，就要适时权宜去改变。有所变，有所不变，才能获得精确定位。

3．未来会变化，主要的控制力量，在于我们自己的心。心想事成的先决条件，在于遵守自然规律。所以敬天、顺天、事天，透过占卜来引发第六感，可以掌握未来的变化。当然，也还有若干风险性必须承担。

4．心想事成，决定未来的变化。我们透过卦象和卦辞，力求趋吉避凶，可减少"早知道"的遗憾。人生而有命、有定数，却可以透过努力加以改变，所以选择自己所要走的路十分重要。

5．降低风险性的最佳方式，其实不是买保险，而是提升自己的品德修养，多做善事，多积德。多多发扬我们的向上（善）心，上（善）进心，以德为本，是做人的不二法门。

6．《易经》中把"一阴一阳之谓道"和"继之者善也"的道理，从家庭中开始落实、实践，乃至于国家、地球村、全宇宙，从而体会中和之道，以化解全球化和本土化的冲突，促使和平与发展的相辅相成，应该是人类永续经营的有效途径。

第二章　为什么天人可以合一?

天那么高，人这样渺小，
就算有了人造卫星，也很难天人合一。

《易传》称为“十翼”，表示十只翅膀。
明白《易传》的道理，相当于内外合一。

将外在的世界，纳入人的内心，
用道德精神，来点化理想人格。

透过“人”合“天”的交感互动，
把人事问题与自然现象合而观之。

从自然天道寻找人类行为的合理途径，
用模拟万物的形态和事理来辅导众人。

天人在我们的内心合一，
人发自内心敬天、顺天，自然天人合一。

一、请先了解几个基本概念

织布时纵的丝线为"经"，横的丝线为"纬"，"经纬"后来被引申为"纲纪"，也就是不容轻易改变的基本原则。汉朝时以《易》（易经）、《礼》（礼经）、《书》（书经）、《诗》（诗经）、《乐》（乐经）、《春秋》（春秋经）为六经。由于《乐经》早亡，后世只存五经。

《易经》原名《变经》，可能是担心大家望文生义，知变而不知常，所以改称《易经》。希望读者能兼顾"变易"和"不易"的道理，以求持经达变。坚持原则（经），却能够因人、因事、因时、因地而通权达变（权），寻找出合理的平衡点。

"易"中有"经"也有"传"，"传"是用来解释《易经》的。古人说《易经》，常把《易传》也涵括在内。

"卦"是悬挂的意思，把宇宙间一切自然现象，用八种符号，也就是八卦来标示，每一种符号可以代表几十种事物。八卦两两相重，形成六十四卦，代表更多的变化。

八卦由三个符号所构成，六十四卦由于八卦两两相重，所以各有六个符号。基本符号只有两个，━为阳，╍为阴。卦是由下向上读的，☰阳阳阳代表天，☷阴阴阴代表地，☶阴阴阳表示山，☱阳阳阴表示泽，☳阳阴阴即为雷，☴阴阳阳即为风，☵阴阳阴便是水，☲阳阴阳便是火。所有六十四卦，都由阴（╍）和阳（━）两种符号组合而成，既整齐又美观。

每一个符号，都称为一"爻"。八卦各有三"爻"，六十四卦每卦各有六"爻"；爻的意思，是"交错"。借由阴（╍）阳（━）的交错，构成不同的卦象。

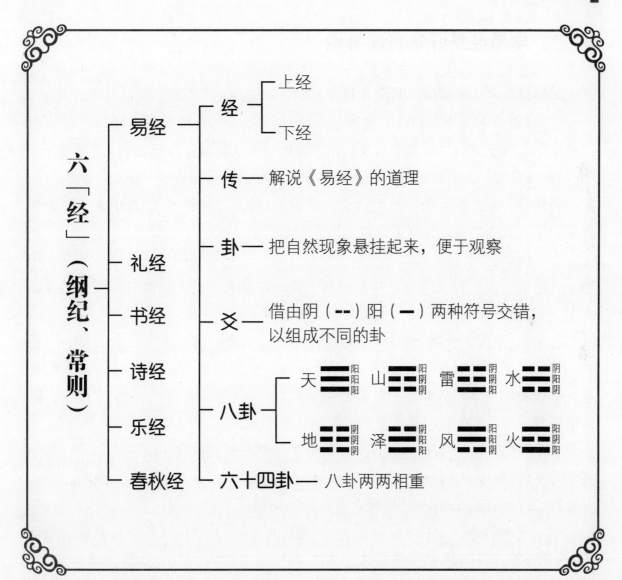

二、学易经最好先研读易传

《易传》是用来阐述、解释《易经》的，共分为七个部分：

1. 《彖传》上下两篇——《易经》六十四卦，每卦都有"彖曰"，也叫做"彖辞"。彖是"断"的意思，彖辞用来论断一卦的卦象、卦德和六爻的排列。

2. 《象传》上下两篇——每卦的"彖曰"后面，紧接着是"象曰"，称为大象，总论这一卦的象；每一卦有六爻，爻辞后面的"象曰"，叫做小象，分论这六爻的象。象的功能，在模拟万物的形态和事理。

3. 《系辞传》上下两篇——系的意思是联络，把易道的义理，联系起来，相当于《易经》的总论或通论，并不局限于哪一卦或哪一爻。上篇以形而上的道体为主，下篇以形而下的器用为主，合起来可以称为"易大传"。

4. 《文言传》一篇——乾卦和坤卦，是六十四卦的第一和第二卦，称为"易的门户"。其余六十二卦，都由这两卦互动、交感所形成。易道变化、阴阳交易，都以乾坤为本。这两卦的卦辞和爻辞，显得特别重要，所以各加文言传，以详细解释，很可能是后世易学家的见解所辑录而成。

5. 《序卦传》一篇——说明六十四卦的次序和排列的理由。

6. 《说卦传》一篇——说明八卦所代表的意义，以及八卦相重的由来。

7. 《杂卦传》一篇——解释六十四卦的卦名。

以上七个部分，一共十篇，称为"十翼"，表示易学起飞的十只翅膀。相传为孔子所作，也有学者认为是集体创作。

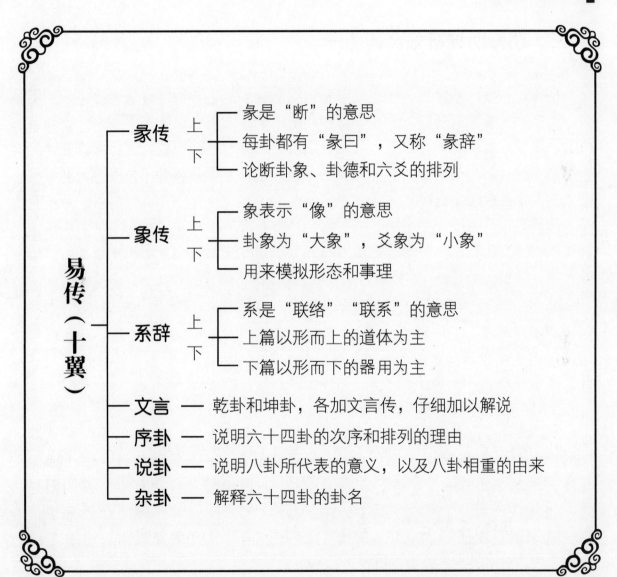

易传（十翼）

彖传 上下
- 彖是"断"的意思
- 每卦都有"彖曰"，又称"彖辞"
- 论断卦象、卦德和六爻的排列

象传 上下
- 象表示"像"的意思
- 卦象为"大象"，爻象为"小象"
- 用来模拟形态和事理

系辞 上下
- 系是"联络""联系"的意思
- 上篇以形而上的道体为主
- 下篇以形而下的器用为主

文言 —— 乾卦和坤卦，各加文言传，仔细加以解说

序卦 —— 说明六十四卦的次序和排列的理由

说卦 —— 说明八卦所代表的意义，以及八卦相重的由来

杂卦 —— 解释六十四卦的卦名

三、阴阳两种符号合而为一

相传，伏羲氏是远古时代一位非常喜欢动脑筋的人。他十分好奇："宇宙万象，为何如此井然有序？"他用心观察自然现象，发现有白天、黑夜之分，而且白天、黑夜好像永远不会错置；海水高涨，然后逐渐退回原位，又再度高涨，旋即悄然消退；草木成长、枯萎；人类出生、死亡，无不井然有序，是不是有一种巨大的力量在操控宇宙呢？

伏羲氏没有提出"主宰神"的观念，也没有发展出"外星人"的理论。他假设有一种强大的动能，驱使万物做出如此有规律的变动，并且用一根棍子，画一条直线，造出一个"—"的符号，来代表此一强大的动能。

然而，经过仔细的观察、体会和反思，使伏羲氏很快便否定了自己的假设。因为每天升起和降落的太阳，应该是同一个；今年的春、夏、秋、冬，也仿佛是去年重现。他觉得宇宙的变动，绝不是单一的力量能够造成的。于是，他把木棍折断，画一条中间断裂的线，造出另一个"--"的符号。后人把"—"称为阳，将"--"称为阴。

阴、阳合而论之，代表一种巨大的动能；分而观之，又可代表两种不同性质的动能。用现代话来说，"--"代表物质，"—"表示能量。由于质能互变，动起来是"—"，静下来便成"--"。说阴阳是一，可以；说阴阳是二，也未尝不可。我们把它称为一之多元，把"一"和"多"合起来想，不分开来看。由于一内含二，所以合起来是一，分开来便成为二（多）。这种观念，对中国人的思维，有很大的影响。

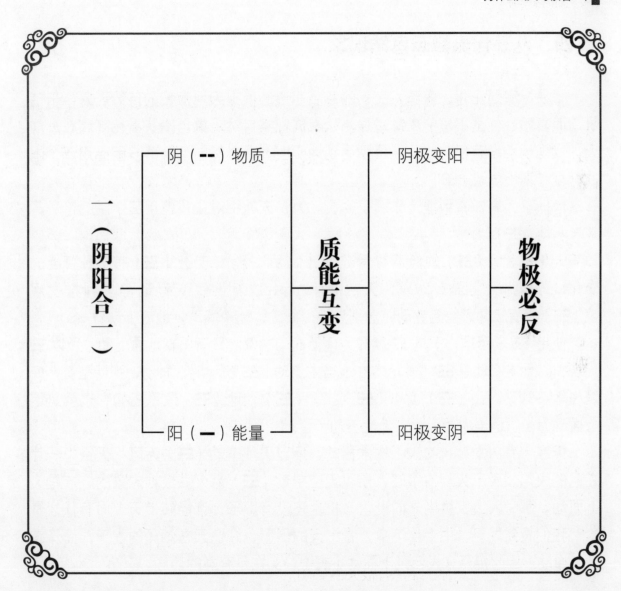

四、八卦代表静态自然现象

"易"字是变化、变革、变易的意思，透过模拟天地变化的自然现象，来精研周而复始、生生不息的生命过程。伏羲氏观察自然现象，抬头看见高高在上的天，发现天上没有任何物质，否则受到地心引力，必然向下坠落。因此用三个阳的符号，来代表天（☰）。

他低下头来，看到地上充满了物质。为了天地相对应，他用三个阴的符号，来表示地（☷）。

天（☰）地（☷）的代表符号定下来之后，他发现天（☰）有三种可能的变化，分别为天上面有动静，天空中有动静，以及天底下有动静。同样发现地（☷）也有三种可能的变动，分别为地上面动，地中间动，地底下动。

他用 ☷ 表示地，于是 ☶ 就成为地上面动的象。只有山在地面上动，所以 ☶ 代表山。地中间动是 ☵，表示水在地当中流动。☳ 表示地下面动，那就是雷，好像在地下震动。山（☶）、水（☵）、雷（☳）和地（☷）关系密切，也就是地上面动为山，地当中动为水，地底下动为雷。

天底下有树木，风吹来，树木摇动，所以天底下动（☴）为风；天空中一片红色的火焰，表示火烧得很旺，所以天空中动（☲）为火。最难想象的应该是天上面动。那时人造卫星尚未问世，飞机也还没有影子，谁能知道天上面有什么景象？我们看到湖泽，由上往下看，看出天的倒影，好像天在湖泽的水下，而泽在天上面动。因此用泽来表示天上面动（☱），实在是有趣的巧思。

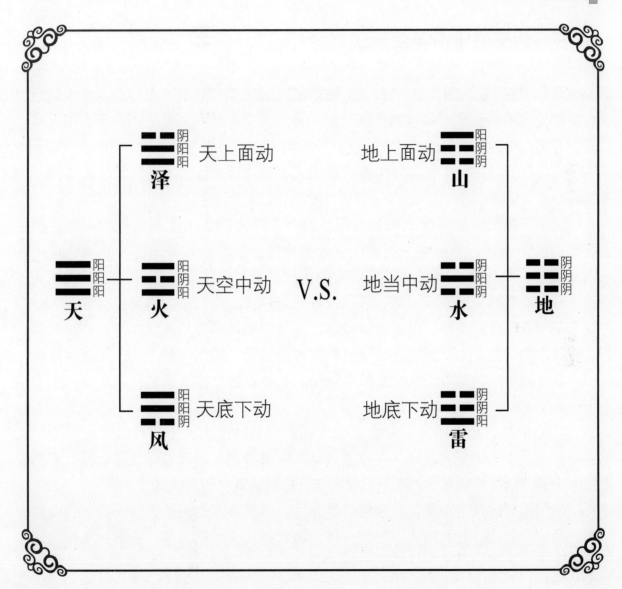

五、依天道求人类生活法则

八卦（☰、☷、☳、☵、☲、☶、☱、☴）代表宇宙间最常见、与人类生活最具密切关系的八种相对静态的自然现象。将八个基本卦两两相重，由于上下两卦发生互动、变通、交易的关系，产生六十四种不同的人事变化。

从自然天道（天），寻觅人类行为（人）的合理途径，便是《易经》（传）所揭示的天人合一。

天下万事万物，实际上都脱离不了自然律的支配。人类向自然学习，找出正确的生活法则，应该是一条合理有效的途径。我们以八卦两两相重所造成的六十四卦，来代表六十四种人事变化的类型。将古圣先贤所累积的宝贵人生经验，透过卦辞和爻辞呈现出来，提供大家作为参考。当我们觉得泰然自若时，赶紧查阅"泰"（䷊）卦，以求持盈保泰。当我们陷入"否"的状态时，必须查阅"否"（䷋）卦，才有可能否极泰来。打仗时遵循"师"（䷆）卦；诉讼时参考"讼"（䷅）卦，都是天人合一的实际应用。依天道寻找人事的化解之道，实在十分方便。

反过来说，我们把人事可能发生的现象，归纳成为六十四种类型，把它和六十四卦，适当地配合起来。凡是遭遇到某一类型的人事问题，便寻找相对应的那一个卦，从卦辞和爻辞的提示，找出自己应当采取的因应方式。

我们也可以透过卦象，发现自己的处境，寻找趋吉避凶的方法。或者透过卦象，来施行教化，使大家明白在那一种人事状态，必须依循哪一种自然规律，以求天人合一。

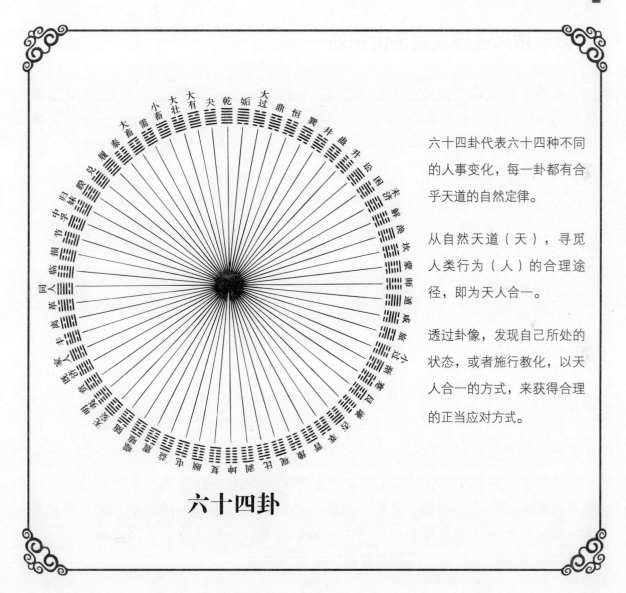

六十四卦

六十四卦代表六十四种不同的人事变化，每一卦都有合乎天道的自然定律。

从自然天道（天），寻觅人类行为（人）的合理途径，即为天人合一。

透过卦像，发现自己所处的状态，或者施行教化，以天人合一的方式，来获得合理的正当应对方式。

六、效法天地变化启发智慧

系辞下传记载：伏羲氏抬头观察日月星辰等天象，低头观察地形高下升降的法则；观看飞禽走兽身上的纹理，以及适宜生长在地上的植物。他透过阴（ **- -** ）阳（ **—** ）两种符号，观象设卦。由基本的八卦，两两相重而生六十四卦。每一个重卦，有六爻。六十四卦合起来，总共三百八十四个爻。卦象符号，用以反映宇宙和人生的复杂变化。古圣先贤，在这种变化中，归纳出不容易改变的自然规律，作为判断吉凶悔吝的标准，从而发展衍生出人类行为的准则，作为大家日常生活的重要参考。

天所显示的，是"高明"，无所不覆；人所秉持的，是"智慧"，能活用经由学习而来的知识；地所表现的，是"博厚"，无所不载。人居天地之中，为天地所生，也成为天地间的一分子，最好效法天地的变化，启发自己的智慧。《易经》透过卦、爻的符号，以及卦辞、爻辞，来象征天地的变化。这些变化多端的卦、爻，并没有十分清楚的解说，提供我们很大的思考空间。可以从不同的角度，体会它的意义，根据不一样的需要，来发挥它的功能。从这个层面来看，称《易经》为智慧之书，乃实至名归。

系辞上传记载：天地产生各种变化，圣人就仿效它；天上垂示各种天象，显示吉凶的征兆，圣人就模仿它。凡是顺应天道的人，上天必然加以佑助。但是天助己助者，一切仍然要靠自己的努力。诚心诚意和天地感应，自然比较容易获得上天的指点。透过反省，逐渐改善自己，最为有效。

效法天地

启发自己的智慧

天高明，无所不覆。

地博厚，无所不载。

人效法天地，才能开启自己的智慧。

《易经》透过卦爻的符号和卦辞、爻辞，
来象征天地的变化。

人必须发挥自己的思虑能力，
培养良好的思虑习惯，发挥自由思虑的能力。

我们的建议

1. 人生观的最高境界，即为天人合一。《易经》研究宇宙人生的道理，由自然规律，推演出人事法则。用简易的方法，阐明宇宙的变易规律，现代仍然可以沿用。

2. 八个基本卦，把宇宙间常见的自然现象，用八种符号来表示。我们用天上面动、天空中动、天底下动，地上面动、地当中动、地底下动，配合天地两卦来想象，很容易想出泽、火、风，山、水、雷的形象，十分简便。

3. 要明白《易经》的道理，最好先研读《易传》。透过"十翼"的解说，知道天地间任何一种东西，都是由阴（－－）阳（—）所构成。阴阳两爻，贯穿六十四卦，很容易天人合一。

4. 彖、象、系辞、文言、说卦、序卦、杂卦，都在说明卦的意思。这些观念，自伏羲、神农、黄帝、尧、舜、禹、汤、文、武、周公，到孔子集其大成。迄今仍一脉相传，我们可以说是《易经》的民族，十分特别。

5. 宇宙是一个大生命，人是这个大生命当中的一个小单位，所秉持以生存发展的原理，完全相同。天人合一的共同原理，即在"一阴一阳之谓道"。人应该法天、敬天、顺天，才能致中和。

6. 《易经》的文句，有很多不明白、不清楚的地方，正好留给我们很大的思虑空间。方便我们依据不同的需求，作出不一样的解释，只要合理，彼此都应该尊重，互相观摩切磋。

第三章　为什么需要合理定位？

位指空间、身份、地位，
由下而上，一阶段一阶段地向上提升。

每一阶段，都有合适的身份和地位，
做好自我定位，便是我们常说的守分。

万事万物，若是分成六大阶段，
分别以动、入、深、显、静、代来考察。

配合每一段的实际状况，
采取合理的必要措施，自然能顺利发展。

时、位和事物的性质，这三种要件，
我们可以利用两个数字，来加以标示。

不但明确定位，一目了然，
而且开启了"把二看成三"的智慧。

一、时与位是变化两大要件

时间和空间，通常合起来称为"宇宙"。四方上下叫做"宇"，古往今来便是"宙"。《易经》不这样说，而是用"时"和"位"来描述。"时"和"时间"的差别比较小，"位"和"空间"则有相当大的不同。《易经》的"位"，和主体的"物"必须合在一起。我们认为，若是没有"物"的存在，"空间"是没有必要加以讨论的。

"物"离不开"时""位"，然而"同时"未必"同位"，因为立场不一样。同样一件事情，只要立场不一样，看法就不一定相同。

系辞上传一开始就说明"天尊地卑，乾坤定矣"。乾是天，坤为地；天地即乾坤，乾坤也就是天地。乾（☰）为纯阳，坤（☷）是纯阴，代表八卦这个《易经》大家庭中的父母，成为一家之主。后来演变成男尊女卑，完全是望文生义，不求甚解，而又自以为是的不良后果。

位有高低，高的不一定贵。高贵表示既高又贵，并不是凡位高的必定贵。低贱表示既低又贱，不一定低就是贱。两个字相连接，各有各的意义，合起来又是另一种意思。千万不要合久了，就忘记分开的解释。

天尊地卑，和贵贱没有关系。男尊女卑，表示男女同权不同质。虽然平等，仍然各有特性，不容忽视。

时、位一改变，物就必须做出合理的调整。以此类推，人事要以时、位为背景，才能够判断是非。离开时、位，就没有是非可言。人事要不要调整？应该怎样调整？最好看时、位的变化，寻找合理的平衡点。定位、正位、当位的重要性，我们从现在开始，就要逐渐加以说明。

位比空间复杂，
身份、地位、立场，
都要考虑在内。

时和时间很相近，
细分时机和情势，
时势可合也可分。

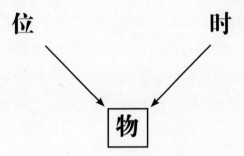

离开物，时、位没有意义。
离开时、位，人事很难分辨是非。
时、位一改变，人事就要做合理调整。

二、一画开天是定位的开始

我们虚拟一下人类原始时代，最常挂在嘴边的，是哪一句话？应该是"你在哪里"，对不对？因为人类是群居的动物，若是单打独斗，根本不是其他动物的对手，所以聚众共事，同心协力，可说是十分必要。为了找到对方，我们必须发出"你在哪里"的讯号。对方要正确回应，自非明确定位不可。

伏羲氏一画开天，用现代话语来说，便是"画一条水平线"。把三百六十度的空间，一下子分成了两个一百八十度的空间：水平线以上为阳，用"—"这个符号来代表；水平线以下叫做阴，用"- -"这个符号来表示。

刚开始大家觉得很方便，很快就可以找到对方所在的位置。然而不久后就觉得不够用，于是加上一条垂直线，成为四个象限，也就是四象。阴（- -）和阳（—）称为两仪。仪的意思是"仪态"。阴（- -）和阳（—）表示两种相对的仪态，也就是我们常说的"样子"。清晨朝阳初起，温度不高，大地依然阴凉，象征阳在上阴在下，其象为上阳下阴（⚎），即为少阳。中午太阳热度充足，完全驱除大地的阴凉，便是二阳重叠的老阳（⚌）。到了夕阳无限好，可惜近黄昏的时刻，大家感觉阳光的热力减少，但是地气仍然炙热，其象为上阴下阳（⚍），故名少阴。逐渐进入午夜，成为老阴（⚏）。因此，我们就能从原先的阴阳两位，变成老阳、少阴、老阴、少阳四位，称为四象。

阴阳称为两仪，两仪交易，阴爻变阳爻，阳爻变成阴爻，结果形成四象。一画开天之后，人们把空间愈分愈细，对于寻找定位，愈加精确而方便。接着，我们想起了：原点。

Ⅱ（第二象限）　Ⅰ（第一象限）

━━━ 阳　　　━━━ 阳　　　　　　　阳
━ ━ 阴　　　━━━ 阳　　　　　　（一）

水平线
（分出阴阳）　━━━

　　　　　　　　　　　　　　　　　阴
━ ━ 阴　　　━ ━ 阴　　　　　　（- -）
━ ━ 阴　　　━━━ 阳

Ⅲ（第三象限）　Ⅳ（第四象限）

垂直线
（分出四个象限）

33

三、太极是天人合一的原点

现代社会愈来愈复杂，以致到处都洋溢着"回归原点"（Back to Basic）的诉求，希望能借由化繁为简，来找到单纯的原点。厘清思绪，弄清楚原本的真正意义，再重新出发。

天人合一的起点，也就是万事万物的原点，我们把它称为"太极"。"太"这个字，由"大"和"、"组合而成，"大"极了，加上"、"（小）极了，就称为"太极"。好比我们家里，有这么一个人，大起来比谁都大，小起来比谁都小，我们就把她称为"太太"。

大极了，大到其大无外，够大了吧！小极了，小到其小无内，也够小了吧！它既没有固定的形状，也没有一定的功能。当然，原本也没有名称，便姑且把它命名为"太极"。

系辞下传说："天下之动，贞夫一者也。"意思是天下万事万物的所有活动，都是取法于太极。其中的"一"，代表伏羲氏最早想到的基本动能。后来发现这个基本能量，内含两种相对的力量，分别称为阴（--）、阳（—）。

太极和阴阳是合一的，没有阴阳就没有太极，没有太极也就没有阴阳。"一"是太极，阳（—）和阴（--）也都是太极。我们可以说阳爻（—）原本就包含了阴爻（--），因为阴爻（--）中间有一个空隙，表示"折断了的阳爻"。如此观之，太极是阳爻（—）和阴爻（--）"二合为一"；而阴爻（--）和阳爻（—）则是太极分化而成，叫做"一分为二"。阴阳既能合一，又能分化为多元，所以称为是"一之多元"，把"一"和"多"等而视之。

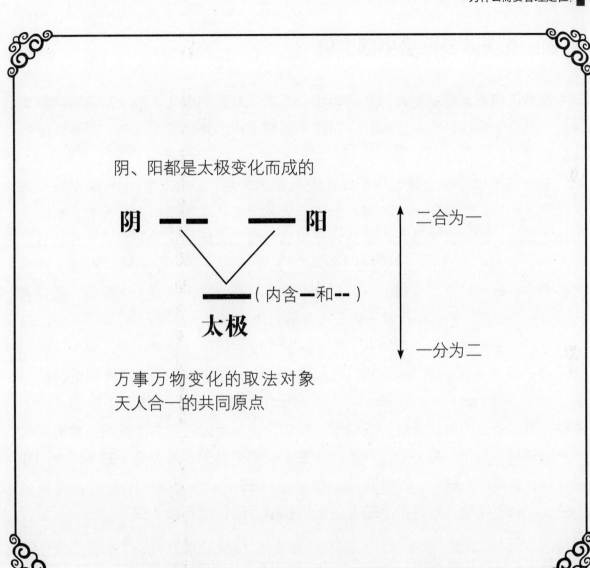

阴、阳都是太极变化而成的

阴 阳

二合为一

（内含—和--）

太极

一分为二

万事万物变化的取法对象
天人合一的共同原点

四、先天八卦配合中国方位

伏羲氏想到太极的时候，连带两仪、四象、八卦的概念，也十分清晰。换句话说，太极、两仪、四象、八卦，乃至于后续的十六卦、三十二卦、六十四卦都同时出现了。

中华民族发源于古代的中原地区，算起来都是北方人。为了照顾南方广大的同胞，君王必须面向南方而坐，所以一眼看出去，就看到天；回头看自己的座位，才是地。因此天南地北，便成为正当的方位。太阳由东方升起，一片火红，火在东，自然一目了然。一江春水向东流，我国的水流，发源地在西边，向东流是十分自然的现象。东南沿海，用泽来表示；西北多山，以山为代表；西南多风，而东北多雷，正好和伏羲氏先天八卦的方位相配合。

太极一分为二，形成阴（--）阳（—）两仪。阴可以和阴互动，阴也可以和阳互动。反过来看，阳可以和阳互动，阳也可以和阴互动。依据排列组合的结果，形成老阳（⚌）、少阴（⚎）、少阳（⚍）、老阴（⚏）四象。如果画成四个象限，那就稳定而难以发展。我们画成树状，表示可以持续向上发展，含有生生不息的精神。老阳和阳互动，成为天（☰）；和阴互动，即为泽（☱）。少阳和阳互动，变成风（☴）；和阴互动，便是水（☵）。少阴和阳互动，造成火（☲）；和阴互动，形成雷（☳）。老阴和阳互动，就是山（☶）；和阴互动，即是地（☷）。天、地、水、火、风、雷、山、泽这八种自然现象，成为人类生活的基本条件。伏羲画卦，至三爻为止，个中真义，值得我们深思。

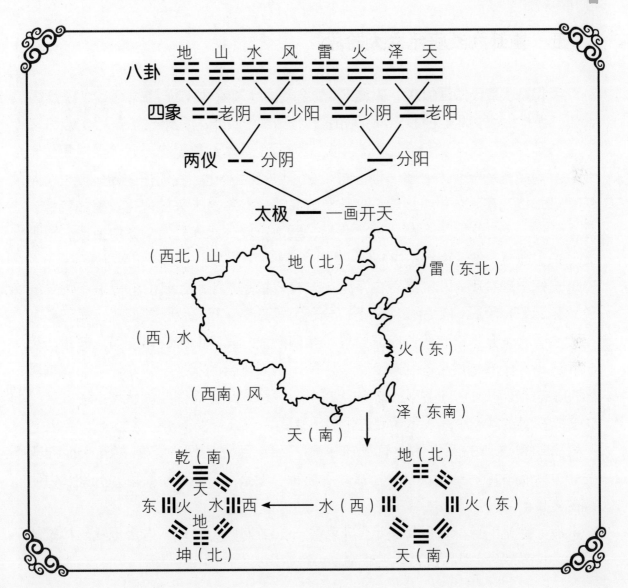

五、重卦六爻表示六大阶段

我们把伏羲氏所画的八个基本卦，配合我国地形所构成的八卦，称为"先天八卦"，便是相对于周文王把八卦两两相重，构成六十四卦，所组成的"后天八卦"。

八卦原本由三个爻组合而成，周文王把两个基本卦重叠在一起，形成每卦六个爻。用意是每一个人、事、地、物，都可以产生变化。我们把它划分成六个阶段，来加以观察、分析、比较，应该更容易了解和掌握未来的变化。譬如乾卦，原本只有三横，再加上三横，成为六横（☰）；坤卦原本只有三条中断线，再加上三条中断线，便成为六条中断线（☷）。其余六十二卦，都依此类推。

这六爻的次序，和"易气由下生"一样，皆是从下往上计算。最底下为第一爻，表示第一阶段，然后依次向上，分别为第二爻、第三爻、第四爻、第五爻和第六爻，也就是第二阶段、第三阶段、第四阶段、第五阶段，以及第六阶段。我们用"动"（万物始生的状态）、"入"（阴阳化合的状态）、"深"（深刻稠密的状态）、"显"（显现于外的状态）、"静"（止息固定的状态）、"代"（更换交替的状态）来表示演变进化的历程。

孔子自述他的一生：十有五志于学，三十而立，四十不惑，五十而知天命，六十而耳顺，七十而从心所欲，不逾矩，便是划分为六个阶段，分别加以明确的定位。

有了明确的目标，也就是定位，我们一方面知所努力，一方面也找到检核的标准。按部就班，逐渐完成人生使命。

6 七十而从心所欲，　第六爻（代）—— 更换交替的状态
不逾矩

5 六十而耳顺　　　　第五爻（静）—— 止息固定的状态

4 五十而知天命　　　第四爻（显）—— 显现于外的状态

3 四十而不惑　　　　第三爻（深）—— 深刻稠密的状态

2 三十而立　　　　　第二爻（入）—— 阴阳化合的状态

1 十有五而志于学　　第一爻（动）—— 万物始生的状态

六、把时位和性质合起来看

六十四卦，每卦六爻，由下而上，分别称为初、二、三、四、五和上爻。可以说是把"时"和"位"合在一起，也就是将初、二、三、四、五、末的"时"，和下、二、三、四、五、上的"位"合并起来。取"初"舍"末"，表示万物始生之际的"时"比"位"重要，而用"上"不用"下"，则表示终了时，"位"比"时"更为重要。因为时和位的六大阶段，二、三、四、五是共通的，只有初、末和上、下的说法不一样，而初、末代表"时"，上、下表示"位"，不采取初、末或上、下的对应，却说成初、上，虽然不相对，却巧妙地涵盖了时和位，两者并举。

时（初、二、三、四、五、末）和位（下、二、三、四、五、上）之外，还需要了解事物的性质，是阴或是阳。用两个数字，来表达时、位、性质三样要件，对我们中华子孙来说，开启了"把二看成三"的智慧。我们常常在正、反，上、下，和对、错之外，产生第三种说法，那就是"不正不反"、"中间"和"很难讲"，实在十分灵活。

上经的最初两个卦，乾卦六爻，用初九、九二、九三、九四、九五、上九来表示。《易经》的阳爻，用九来代表，所以乾卦从第一爻到第六爻，全部都是九。初爻"时"最重要，所以先说初，再说九。末爻"位"最要紧，因此先说上后说九。其余四爻，先说性质，然后才标示时位。《易经》的阴爻，以六为代表。坤卦六爻，分别为初六、六二、六三、六四、六五和上六。其余六十二卦，都是阴爻和阳爻交错出现，应该如何用两个数字来标示，必须多多练习，务求十分熟练。

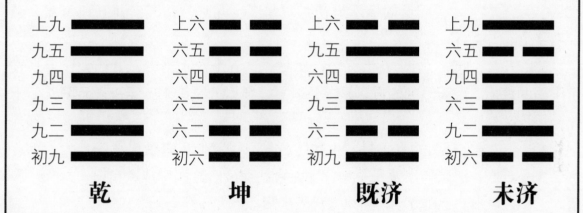

乾	坤	既济	未济

我们的建议

1. 人生在世，最重要的事情，莫过于提升自己的道德修养。由于年幼无知，必须分阶段进行。《易经》六爻分成六大阶段，各有定位，比较容易逐步提升，循序渐进。

2. 六十四卦各有六爻，依爻的性质，阴爻分别标示为初六、六二、六三、六四、六五和上六；阳爻则标示为初九、九二、九三、九四、九五和上九，必须熟练。

3. 一、三、五、七、九为奇数，属阳。这五个数字当中，九最大，用来表示阳爻的性质。因为阳的性质，是向外扩展，所以九是老阳，用来表示阳爻，十分合适。

4. 一、二、三、四、五是"生数"，一只手掌伸出来便已具备；六、七、八、九是成数，必须伸出两只手掌，才能合并而成。这四个成数当中，六和八属阴，七和九属阳。七比九小，所以七代表少阳，而九代表老阳。

5. 六和八属阴，是偶数。由于阴爻的性质，是向内收缩，六比八小，显示收缩得比较紧，所以八是少阴，而六反而是老阴。我们用九代表阳，以六表示阴，含有阳胀阴缩的意思，果然把性质表达得很清楚。多多练习，自然熟悉。

6. 《易经》每一卦由下向上，依次为初、二、三、四、五、上六位，分别代表六阶段变化的状态。我们当然不能固定地把所有事物都做出这样的划分，但是八九不离十，做一种概括性的区分，应该是妥善的定位方式。

第四章　能预测未来的变化吗？

伏羲氏完成了八卦的符号，
原本的用意，不完全是为了造字。

周文王和周公重卦写爻辞，
是用来阐述建国育民的哲理。

为了逃过被纣王迫害的劫数，
不得不以神道设教，利用占筮。

孔子深知占筮的目的不在卜问结果，
而是指引大家，应当如何思考行事方为妥善。

我们不应该成为听天由命的宿命论者，
而是要知命，决定自己人生的正当途径。

孔子提倡"不占而已矣！"
鼓励大家发扬易理，遵循大道而行。

一、伏羲氏画三爻卦的启示

中华民族在黄帝以前，历经渔猎、畜牧、农耕的阶段。相传伏羲氏是畜牧时期的开创者，教导人民驯养牛羊牲畜，过着比较安定的日子。那时候还没有文字，伏羲氏画卦，很可能是为了方便记事，和创造文字有密切的关系。

他首先一画开天，用最简单方便的"━"，代表万事万物的根本。依现代的观点，宇宙万象错综复杂，变化无穷，而且永不停息。控制宇宙的机制，必须十分单纯而简易，否则无法达成这样的功能。然后分阴"╍"分阳"━"，告诉我们一切都出于阴阳的互动和变化。他把阴爻和阳爻，两两相重，造成老阳（⚌）、少阴（⚎）、老阴（⚏）、少阳（⚍）四象。再进一步，画出天（☰）、地（☷）、水（☵）、火（☲）、雷（☳）、风（☴）、山（☶）、泽（☱）八卦。然而为什么伏羲氏不继续画四爻卦、五爻卦呢？

因为他抬头看到天，低头看着地，中间有万事万物，而以人为代表。三爻卦的上爻若是表示天，下爻如果表示地，则中间那一爻，便可以用来表示人，构成天、人、地三才，也就是宇宙的三个主要原素。如果再增加一爻，变成四爻卦，不但增加复杂的程度，而且不如三爻卦合理。三爻卦一共三爻，不是阴多阳少，便是阳多阴少，很容易变化。不像四爻卦那样，若是阴阳数目相同，平衡稳定，反而不容易产生变化。三爻卦告诉我们："无三不成礼"——只要"三人成众"，通过"约法三章"，加上凡事"三思而行"，必能"三年有成"。事不过三，三爻卦足矣！

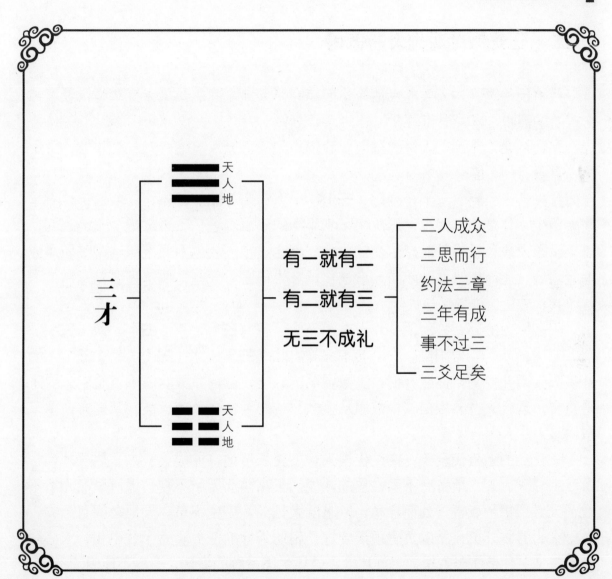

二、三爻卦对现代人的警惕

伏羲氏的时代，人类的生活原始而简朴，天地之间的景象十分单纯，没有什么人造的器物，显得很简单。

现代社会，充满了人为的东西。我们想到回归原点，最好对三爻卦做一番反思，看看有什么值得警惕的地方。

首先，三爻卦除了天是纯阳（☰）、地为纯阴（☷）之外，其余六卦，不是阴多阳少，便是阳多阴少，形成阴阳不平衡的局面。我们不要忘记：天地之间，如果没有矛盾，就不可能产生变化，也就不会进步。我们不但不能够害怕矛盾或消除矛盾，反而应该面对矛盾，设法化解。说得露骨一些，偶尔还要刻意制造一些矛盾，才能促进变化与进步。

阳多阴少的卦，称为阴卦，一共有三个：泽（☱）、火（☲）、风（☴）。阴多阳少的卦，叫做阳卦，一共也有三个：山（☶）、水（☵）、雷（☳）。阴卦多阳，阳卦多阴，提醒我们：少数贤明的人士，远比多数脑筋不清楚的人要来得重要。现代人过分相信"少数服从多数"的必要性，致使人类在某些方面愈来愈退步，令人十分忧虑。

三爻卦的上爻代表天，中爻代表人，下爻表示地，形成天、人、地三才，告诉我们：天、人、地各有不同性质的才能。天高明而无所不覆，地博厚而无所不载，人必须德智兼备，公而忘私，以求既大且久，生生不息。天地之间有万物，由于人为万物之灵，所以负有顶天立地、辅助天地的任务。为了致中和，人必须讲求仁义。凡是伤天害理，污染环境，破坏生态系统的事情，一概不能做。

三爻卦的警惕

如果没有矛盾，就没有变化，
若是没有变化，就不可能进步，
我们不但不能害怕或消除矛盾，
甚至偶尔还要制造一些矛盾来谋求进步。

阴卦多阳，阳卦多阴，提醒我们"少数服从多数"的危险性！
贤明人士，永远是少数。
大多数人其实并不高明，应该反过来向少数贤明人士请教为宜。

三爻代表天、人、地三才。人居天地之间，必须大公无私。
既仁且义，德智兼备，以求赞助天地之化育，成为真正的万物之灵。

三、八卦名称的转变和意义

如果说 ☰ 只能代表天，☷ 只能够代表地，其余六卦，也都只能代表单纯的现象，那么八卦的功能，就会受到很大的限制。有了文字以后，八卦获得正式的名称：☰ 天为乾，☷ 地为坤，☵ 水为坎，☲ 火为离，☳ 雷为震，☴ 风为巽，☶ 山为艮，而 ☱ 泽为兑。目的在扩大原有自然现象的内涵，将相近似的功能、性质、意义合并起来，以增进其效能。

"乾"的意思是刚健，代表向上生长的大动能。象征天的自强不息，恒久主动。天、君、父、首、马，都属于乾的性质。

"坤"的意思是柔顺，表示收缩、安静的包容性。象征地的厚德载物，安顺贞吉。地、臣、母、腹、牛，都属于坤的性质。

"坎"的意思是下陷，代表危险的状态。象征水的难以治理和深浅莫测。水、雨、中男、耳、猪，都属于坎的性质。

"离"的意思是美丽光明，为了预防大家盲目追求美丽光明而弄得离心离德，所以用离字来表示。象征火的明亮，终将由于燃烧的物质灰飞烟灭而止熄。火、日、中女、目、雉，都属于离的性质。

"震"的意思是启动，代表起伏的状态。象征春雷发声，地下震动。雷、长男、足、龙，都具有震的性质。

"巽"的意思是齐、入，表示整体划一的状态。象征风的无孔不入，草木顺势伏地。风、木、长女、股、鸡都具有巽的性质。

"艮"的意思是止，代表山行艰难的状态。象征山路难行，有停止不前的念头。山、少男、手、狗，都具有止的性质。

"兑"的意思是喜悦，表示使人喜悦的景象。象征泽的反映天象，赏心悦目。泽、少女、口、羊，都具有喜悦的性质。

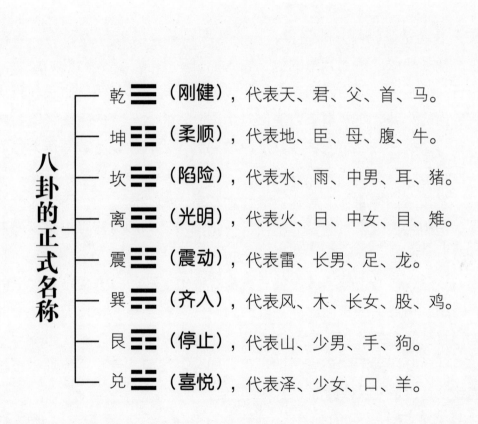

八卦的正式名称

乾 ☰（刚健），代表天、君、父、首、马。

坤 ☷（柔顺），代表地、臣、母、腹、牛。

坎 ☵（陷险），代表水、雨、中男、耳、猪。

离 ☲（光明），代表火、日、中女、目、雉。

震 ☳（震动），代表雷、长男、足、龙。

巽 ☴（齐入），代表风、木、长女、股、鸡。

艮 ☶（停止），代表山、少男、手、狗。

兑 ☱（喜悦），代表泽、少女、口、羊。

四、周文王重卦的神道设教

周文王原本是商朝西方的诸侯，由于仁厚贤德，被尊称为西伯。当时商朝的帝王，是横征暴敛、荒淫无道的纣王。人民失望怨恨，诸侯也开始反叛。有人向纣王密告，纣王便把西伯囚禁在羑里，也就是现代河南汤阴。文王利用这段时间，把伏羲氏的八卦，两两相重，演出六十四卦，将他毕生的宝贵经验，撰写成"卦辞"和"爻辞"。因为内容涉及十分敏感的政治，所以不敢写得太过明白、清楚，又假借新的筮术以代替原有的占卜，实际上是以神道设教，来避人耳目。表面上看，好像有"神通"的意味，实际上却是一种推理。我们可以如此解读：直截了当地把结果说出来，叫做"神通"；把推测研判的过程说出来，然后才说明结果，即为"推理"。这两者有许多相通之处，不能够用二分法来加以划分。

古人占卜时，内心十分虔诚，仪式则简单隆重。孔子一方面推崇文王的伟大贡献，一方面却倡导"不占而已矣"。因为时代愈进步，知识愈普及，更能够理智地推论出自己目前的处境，合乎六十四卦中哪一卦的状态，那么也就用不着占卜，直接查阅该卦所揭示的道理，切实笃行即可。然而，若是不能理智推论出自己所处的卦位，还是可以依据占卜来找到定位。

不论查阅或占卜，目的都在预测未来的变化。我们都知道"预防胜于治疗"，"及时的一针，胜过事后九针"的道理。透过占卜来预知未来，是《易经》的主要功能之一。即使测不准，还是很想测，这是人之常情，毕竟多一种参考，多一种选择，对每个人来说，皆是利多于弊的。

商纣王把周文王禁在羑里 →

周文王利用这一段时间，
把八卦两两相重，
造成六十四卦，
分别写出「卦辞」和「爻辞」。 →

周文王深怕自己毕生的宝贵经验，
不能传下去并发扬光大，
然而政治的敏感性，
却也使他不敢写得太过明白清楚。 →

于是周文王透过神道设教，
设计出一套新的卜筮方式，
以代替原有的占卜。 →

使大家认为卜筮是为了预测未来，
实则已将相关易理，
都融入其中，借由卜筮传给后代子孙。

五、现代占卜愈来愈不准确

往昔的生活变化不大，大家的看法大同小异。搞怪的人并不多，求新求变的观念也不普及。在那个单纯的年代里，诚心诚意的人比较多，对于占卜的结果，很容易相信，也显现高度的配合。在这种情况下，占卜准确度当然很高。

现代人自主性提高，大多喜欢自作主张，不相信权威，对于占卜的结果将信将疑。即使诚心诚意，也不过是口头上的不反驳，态度上的貌似恭敬，如此而已。

世界愈变愈快，根本的原因，即在于大家的心，并不安定。满脑子求新求变，自然造成愈变愈快的结果。

科学愈发达，科学家愈明白：科学不可能告诉我们真相。它只是一条"渐近线"——愈来愈接近真相，却始终有一段距离。至少我们可以肯定：未来并不是科学所能够控制，或者全盘知晓的。只有看水晶球、看手相、求签问卦的人，才会相信这种"科学的预知"。这种"科学"，实际上已经变成一种"宗教"，信到差不多就好，再信下去，必然成为"迷信"。迷信科学，对未来的变化，并不一定正确，因为科学本身也在变化，每隔一段时间，就会出现新的见解，而这些新的见解，也未必正确。

现代人很容易陷入两极化：不是过分悲观，认为未来的变化太过复杂，根本不可测，便是过分乐观，以为科学和技术是万能的，可以适时解决未来的各种难题。这两种态度，对占卜的结果，便常是姑妄听之、姑妄信之。即使占卜真的十分准确，对于这两类人士来说，也可能变得极不准确。

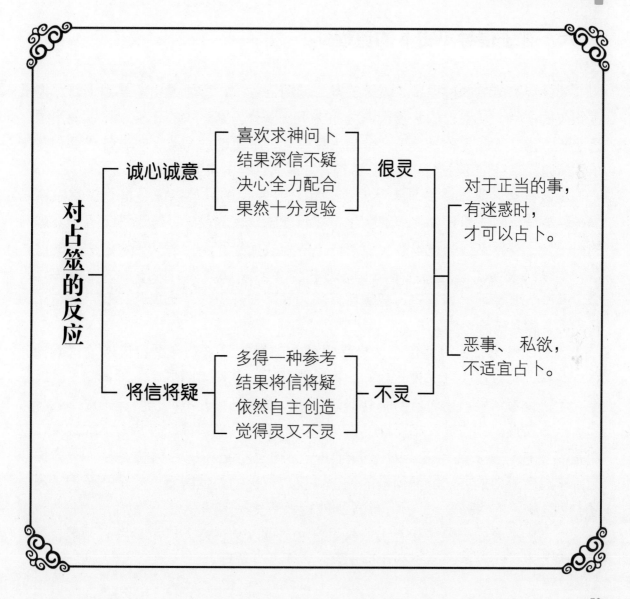

对占筮的反应

诚心诚意 —
喜欢求神问卜
结果深信不疑
决心全力配合
果然十分灵验
— 很灵 —

对于正当的事，
有迷惑时，
才可以占卜。

将信将疑 —
多得一种参考
结果将信将疑
依然自主创造
觉得灵又不灵
— 不灵 —

恶事、私欲，
不适宜占卜。

六、孔子倡导不占卜的道理

《易经》成书的过程是"人更三圣，世历三古"，意思是由八卦到十翼，经过悠久的岁月。从上古的伏羲，中古的文王、周公，到近古的孔子，可以说是源远流长。周文王和周公是父子，合起来算一圣，加上前后两圣，也就是伏羲和孔子，所以说是经过三位圣人的费心劳神，才能有这样的丰硕成果。

伏羲画卦，原本或许是为了造字。用八卦断吉凶，可以说是推行识字教育的一种方法。文王借重卦爻辞的变化，揭示建国育民的哲理，唯恐不见容于暴虐的纣王，不得不透过神道设教。借由占卜的包装掩护，不但使文王逃过生前的劫数，也使《易经》逃过后代秦始皇的焚书禁令。从此《易》为占卜之书流传迄今。有些人鄙而视之，有些人却盲目迷信，殊不知孔子作"十翼"，其目的在阐扬易理，并且破除迷信。

我们的行为，最好凭良心，合乎伦理、道德的要求。凡是应该做的，不论结果怎样，都应当去做。只问耕耘，不问收获，才是正当的态度。求神问卜的时候，若是只看结果，挑对自己有利的才行动，动机已经很不纯正。孔子对于这样的占卜，持反对的态度。相反地，占卜的人，不应只是消极地等待占卜的结果，而是要更进一步，询问应当如何进行。一方面坚持正当的目标和途径，一方面则寻求趋吉避凶的方法。把消极的占卜，变成积极的处世智慧，才是孔子把《易经》列为必修的六经之一，所乐于见到的行为"变易"。

正当的事必须去做，在方法上有迷惑时，可以透过占卜作为参考。恶事、私欲，根本不可以占卜。可与不可的分际，必须妥为掌握。

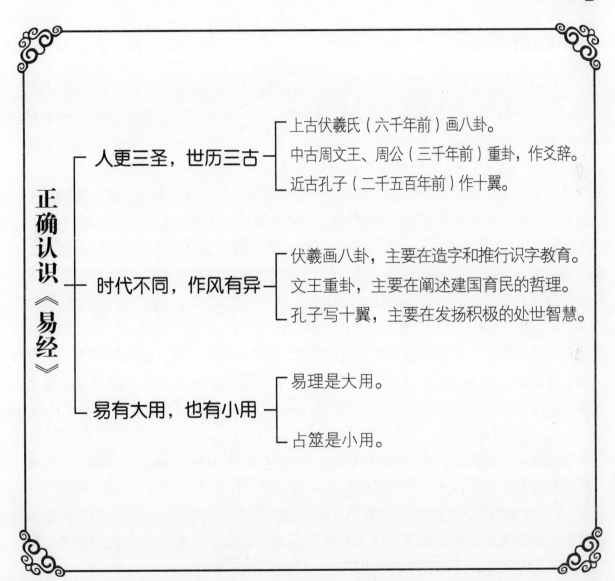

正确认识《易经》

人更三圣，世历三古
- 上古伏羲氏（六千年前）画八卦。
- 中古周文王、周公（三千年前）重卦，作爻辞。
- 近古孔子（二千五百年前）作十翼。

时代不同，作风有异
- 伏羲画八卦，主要在造字和推行识字教育。
- 文王重卦，主要在阐述建国育民的哲理。
- 孔子写十翼，主要在发扬积极的处世智慧。

易有大用，也有小用
- 易理是大用。
- 占筮是小用。

我们的建议

1. 八卦的基本作用是阴阳，万事万物都离不开阴阳变化。代表阴阳符号的是六和九两个数字，也就是《易经》常用的数。我们常说"心中有数"，便代表对未来变化有所准备。

2. 与其说《易》为群经之首，不如说《易》为群经之始。因为伏羲画卦，原本是为了造字，透过八卦的运用，来推行识字教育，是经学的开始，当之无愧，用来启发人类本有的智慧，然后学得的知识，才能够灵活地正当运用，对人类有益。

3. 占卜者，若是以易当做教化的工具，透过这种方式，可使大家明白道理。选择应当走的途径，不畏困难，不怕挫折地勇往直前，便是善用占卜来积极开发自己的处世智慧。

4. 八卦代表八种自然现象，原本没有吉凶可言。文王写卦辞、爻辞，指出人生祸福的因缘。孔子则直接说明吉凶祸福，实际上由我们自己的道德来决定。聪明人懂得透过占卜的过程来明白道理，然而，若是完全相信结果，很可能会误了自己。

5. 孔子说不占，并不是反对正当的占卜。对君王、长上，不方便说道理，仿佛对其教般极不妥当，有时便可假借占卜之名，说明其中的道理，当然是一种良好而有效的方法。

6. 完全相信占卜的结果，等于放弃自己的自主权。把自己的未来，交由他人决定，合适吗？还不如参考占卜的结果，再从中找出趋吉避凶的方法。然而，我们应该要做的事，还是要努力去实践。

第五章　怎样趋吉避凶?

趋吉避凶，是心想事成的结果，
人人都有这样的心态，也是一种人之常情。

由悔而吉，真心改过最要紧，
口是心非，那就由吝趋凶了。

从时空的变动，找出对应的力量，
若是感应良好，自然易于趋吉避凶。

重卦的上下卦，各有三爻，
彼此之间的承、乘关系，要清楚辨别。

自己凭良心、立公心，
可以感应他人的良心和公心。

致中和，行中道，凡事求合理，
用理智指引感情，自然趋吉避凶。

一、吉凶悔吝是可以预知的

孔子说："学易可以减少过失。"这是什么道理？因为易卦对可能遭遇到的吉凶悔吝，事前都预言得十分清楚。

《说卦传》记载："数往者顺，知来者逆，是故易，逆数也。"我们顺着时间推算，可以了解过去的事理。想要预测未来，那就要逆着时间推算了。逆数有前知的意思，很多自命为《易经》大师的人，都很喜欢预测未来的变化，还说得很神。实际上易卦的前知，必定有事实的依据，是推理的结果，并不是毫无依据，便能够前知五百年，令人不禁生疑。

系辞下传说："变动以利言，吉凶以情迁，是故爱恶相攻而吉凶生。"每一卦都有六爻，各爻的变化，透过爻辞，来预言"利"或"不利"，而结果的吉或凶，则是依据事物的具体情况而变迁，于是产生"爱而相合"或者"恶而相敌"两种矛盾的现象。爻与爻相邻近，却不相合，表示多凶；爻与爻相邻又相合，那就多吉。一切吉凶，都伴随我们的七情六欲而产生，只要我们的情绪起了爱好或憎恶的变化，吉凶便随之出现。心想事成，在这里说明得十分清楚：我们的意志，可以决定吉凶。这种"不易"的原则，有待于我们在实际生活中，亲自体验印证。

自然现象本身并没有吉凶的分别，站在人类的立场，才有吉和凶，因而产生悔或吝的反应。现代人大多用善恶来分辨吉凶，实际上，《易经》却以得失来区分：有所得为吉，有所失即凶。遵循《易经》所揭示的道理，自然有所得而吉；违反易理，那就有所失而凶，这才是吉凶的原本意义。

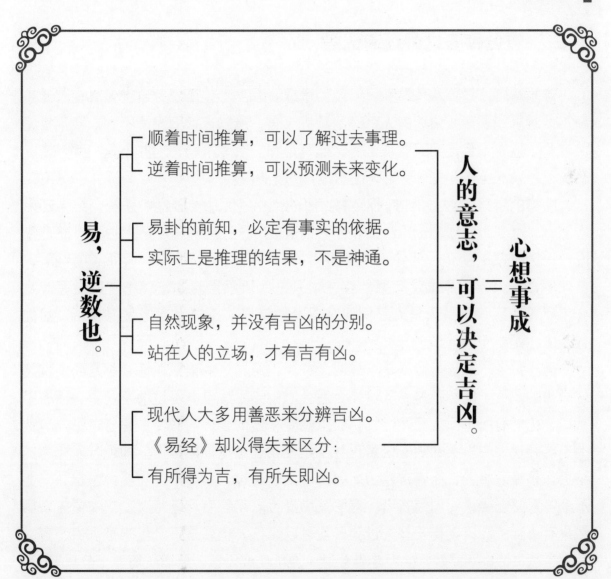

顺着时间推算，可以了解过去事理。

逆着时间推算，可以预测未来变化。

易卦的前知，必定有事实的依据。

实际上是推理的结果，不是神通。

易，逆数也。

自然现象，并没有吉凶的分别。

站在人的立场，才有吉有凶。

现代人大多用善恶来分辨吉凶。

《易经》却以得失来区分：

有所得为吉，有所失即凶。

人的意志，可以决定吉凶。

＝

心想事成

二、吉凶悔吝之外还有无咎

吉的意思，是顺从《易经》所说的道理。系辞上传所说"自天佑之，吉无不利"，意思是上天所佑助的人，必定顺应天道，所以吉祥而无所不利。我们常把"吉利"连在一起，实际上吉是吉，而利是利。吉无不利，但并不是利都是吉。有些利带来吉祥，有些利反而导致不吉，也就是凶。

同样的道理，凶必然害，而害并不一定凶。有时候看起来是害，结果却带来吉祥。善恶也是如此，善未必吉，而恶也不一定凶。从《易经》的道理来说，一阴一阳的变化，无论如何都是善的，并没有相对的恶。读通《易经》，自然明白：世界上原本没有恶的存在，只是人所不喜欢的，就把它叫做恶。社会上有善有恶，则是人与人之间纠缠不清的结果。感情上会产生悔吝，一旦理智清醒，那就无不善了。

至于悔吝，系辞上传说是"忧虞之象"，意思是悔恨或遗憾，都是心中忧愁或顾虑的象征。悔和吝是犯了过失之后，心中产生忧虑。不过悔字从心，而吝字从口，仍然有所不同。犯了过失，心中想要补过向善，叫做悔；犯了过失，口头上说要补过，心里头却缺乏诚意，甚至还要找理由掩饰或推诿，即为吝。通常的结果，是悔后趋吉，而吝常趋凶。因为不诚心改过，必然小过失变大过错，岂能不凶？系辞上传说："悔吝者，言乎其小疵也。无咎者，善补过。"悔或吝，固然是有小过失，只要善于补救过错，便可以无咎，也就是不产生祸害。悔、吝、凶都是过失，都叫"咎"。但是善补过，便可变成无咎，所以"悔"十分重要。

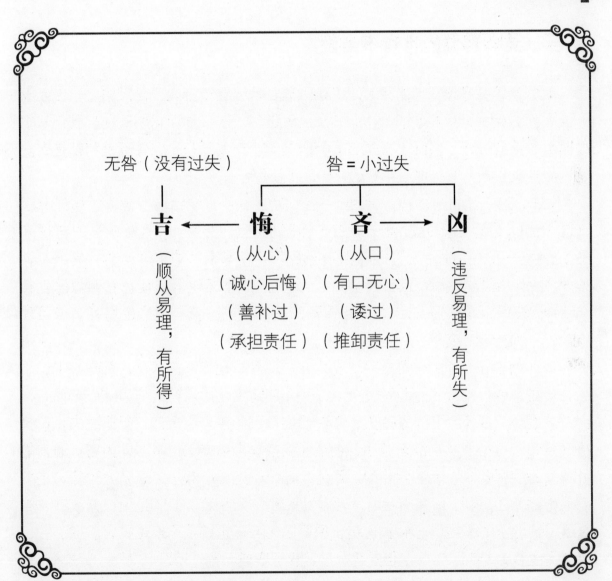

无咎（没有过失）　　　　咎＝小过失

吉 ← 悔　　　吝 → 凶

（顺从易理，有所得）

悔
（从心）
（诚心后悔）
（善补过）
（承担责任）

吝
（从口）
（有口无心）
（诿过）
（推卸责任）

凶
（违反易理，有所失）

三、爻有当位的也有不当位

每一卦有六爻，由下而上，分别称为初、二、三、四、五、上。定位的基本准则，为分阴分阳。初、三、五这三爻是阳位，二、四、上这三爻为阴位。凡是以阳爻居阳位的，也就是一卦之中，初、三、五这三个爻位是阳爻，都属于当位；若是阳爻居于二、四、上这三个爻位，便是不当位。

当位又称为正位或得位，表示阳爻居阳位，而阴爻居阴位。不当位又称为失位或非其位，表示阳爻居阴位，或阴爻居阳位。当位的爻辞，通常为吉，但有其他因素影响时，也可能不吉。不当位的爻辞，大多为凶，但有时也不一定。这种情况，和正当行为不一定事事亨通，而不正当的行为有时反而十分得意，是相同的道理。因为还有其他的因素，必须考虑在内，才能判断可能的结果。

六十四卦当中，六爻都当位的，只有"既济"卦（䷾）。初九、九三、九五三个阳爻位，都是阳九。六二、六四、上六三个阴爻位，也都是阴六。所以卦辞指出事业已成，接着勉励当事人必须保持守正以防危乱。因为一不小心，就容易变成六爻都不当位的"未济"卦（䷿）：初六、六三、六五三爻，阴居阳位；而九二、九四、上九三爻，又都阳居阴位。所以卦辞提醒必须勉力促成，或可得亨通。如果处事不慎，则必无所利。当位时要提防不当位的可怕，不当位时又提供善补过，以求挽回的途径。时时以趋吉避凶为念，所以系辞下传说："作易者，其有忧患乎？"具有忧患意识，才能够趋吉避凶。进者退之，退者进之，必须合理应变。

四、时应承乘也有很大影响

"位"虽然很重要，却离不开"时"。"时"如果是河流，"位"不过是水流中的漂流物。地位再崇高，只要岁月如流水，届龄退休，也一定要下台。各爻的吉凶，实际上都以时为背景。以时间定吉凶，卦就是时，时一改变，吉凶也就跟着改变。卦是时，爻为位。重卦由两个基本卦（三爻卦）组合而成，上三爻为外卦，也叫做上卦；下三爻为内卦，又称为下卦。六十四卦，每卦都有内外的分别，下卦为内，上卦为外。上下卦各有三爻，一与四、二与五、三与六有互相感应的作用，称为"相应"。"应"是同志的意思，若是下卦的初爻和上卦的四爻，一为阴爻而另外一爻为阳爻，便是"相应"。如果同为阴爻或阳爻，那就是"不相应"、"无应"或"敌应"。二爻与五爻、三爻与上爻，可依此类推。阴阳相应，大多是吉象。但也有例外，有的因为相应而得，有的反而因为相应而失，有时由于无应而凶，随着时势而定。

和"相应"有密切关系的是"相比"。凡相邻近的二爻，阴爻在阳爻之下，承助在上的阳爻，称为"阴承阳"，或"柔承刚"，这种情况便是"承"，大多顺而善。阴爻在阳爻之上，乘驾在下的阳爻，称为"阴乘阳"或"柔乘刚"。这种情况即为"乘"，大多逆而劣。就阳爻来看，最好是"据阴"，也就是位居阴爻之上，可以得其用。这时候位居阳爻之下的阴爻，处于承阳的状态，也十分有利。但是仍然要一并考虑其他因素，才能断定吉凶。综合研判，不宜有所偏失。

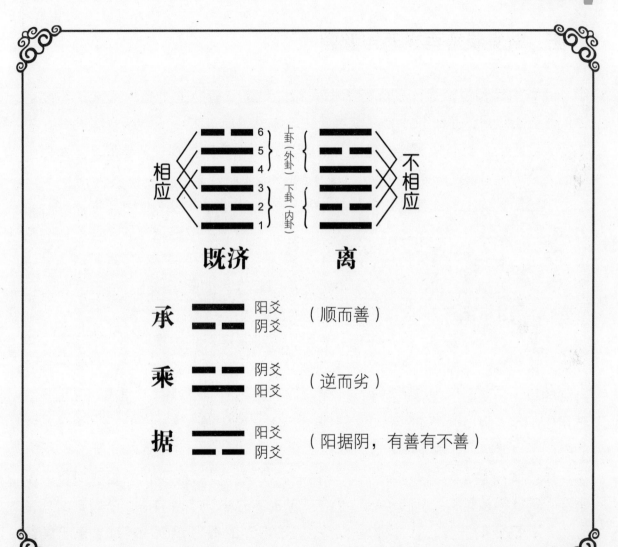

6
5 上卦（外卦）
4
3 下卦（内卦）
2
1

相应　　　　　　　　　　不相应

既济　　　　**离**

承　　　　阳爻
　　　　　阴爻　　（顺而善）

乘　　　　阴爻
　　　　　阳爻　　（逆而劣）

据　　　　阳爻
　　　　　阴爻　　（阳据阴，有善有不善）

五、先凭良心再求趋吉避凶

同样的时和位，为什么反应不相同？主要是"应"的力量所造成的影响。"应"是看不见的那一只手，《易经》说人与人、人与物、人与天、天与物、物与物，实际上，都有相应的力量。其中人与人的相应，特别称为感应，成为我们与他人心与心感通的联系、互动力量，对吉凶的影响很大。

中国历代的圣贤和伟人，都是从平凡中表现才华，并没有什么超能力的神奇力量。他们按照系辞上传所说"二人同心，其利断金"的道理，深知同心协力的力量无穷，而且秉持咸卦所揭示的"圣人感人心而天下和平"，发挥"敬人者，人恒敬之"的精神，自己凭良心、立公心。引起众人的反馈作用，同样凭良心、立公心，透过相互感应，收到圣人感人心的良好效果。

"易"称为《易经》，而不叫"难经"，便是要我们去掉"难"的观念，用"易"来代替。最简单的办法，就是记住"天下无难事，只怕有心人"这句话，再难的事，只要心里想着很简单、很容易，它就不难了。这种心想事成的力量，不用白不用，为什么不试试看呢？一切凭良心，感应得他人也凭良心，再难解决的事，不也就容易化解了吗？

最要紧的是，把良心和行为结合在一起。因为大多数人，都知道凭良心的重要，因此嘴上常常说凭良心，只是在行动时，却忘记了凭良心。不行动时凭良心，一行动便不凭良心，这种人多得很。不行动时很理智，一行动就十分情绪化，这样的人，不容易趋吉避凶，反而自作自受。

凭良心、立公心

容易趋吉避凶

一般人不行动时，很冷静，十分理智，

一旦行动起来，便很容易情绪化。

情绪和理智配合不起来，

相当于很不理智。

很多人不行动时，凭良心、立公心，

一旦行动起来，就不凭良心，也不立公心。

良心和行为结合不起来，

相当于不凭良心。

六、秉持中道以求事事合理

　　卦气由下往上，所以画卦时，也由下而上。最底下的一爻，称为初；最上面的一爻，即为上。系辞下传指出："其初难知，其上易知。"因为初爻反映事物的根本，比较不容易明了；上爻是事物的末端，最后的结果反而比较明显易懂。至于中间二、三、四、五这四爻：二多誉而四多惧，三多凶而五多功。由于第二爻居于下卦的中位，通常多有称誉。第五爻居于上卦的中位，通常多获得成功。第三爻虽然和第五爻同样具有阳刚的功能，却因为所处的爻位不同，通常多有凶险。第四爻通常多有忧惧。重卦之后，原有三爻卦的天、人、地三才，变成兼三才而两之。初、二两爻为地道，三、四两爻为人道，而五、上两爻则为天道。

　　这种二、五两爻位居下卦和上卦的中位，由于二多誉、五多功所显示的"居中为吉"，成为中道的依据。然而，《易经》认为宇宙万物变动不居，不可能有固定不变的位置。中的意思，应该是"合理"。而合理与否，必须配合时、空的变化，依据"应"、"承"、"乘"等关系，来加以妥当地调整。《易经》讲求"时中"，便是"无一时不合理"，也就是"无一事不合理"，才合乎中庸之道。

　　西方人辨明是非，只就事理上着眼，对事不对人。炎黄子孙分是非，必须分到圆满的地步，大家才会觉得满意。圆满的意思，其实就是大家都有面子，才不致产生纷争。我们必须采用"合"的观点，"全"的立场，所以不可能对事不对人。研习《易经》的道理，更加容易事事合理。

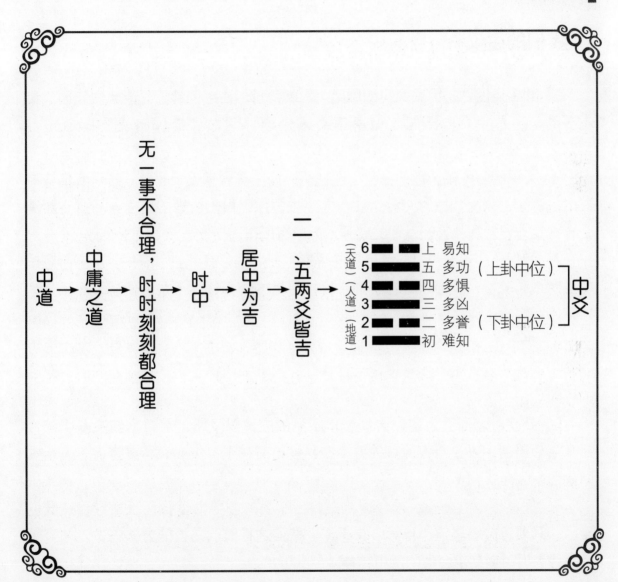

中道 → 中庸之道 → 无一事不合理，时时刻刻都合理 → 时中 → 居中为吉 → 二、五两爻皆吉

6	██████	上	易知
（天道） 5	███ ███	五	多功（上卦中位）
（人道） 4	███ ███	四	多惧
3	██████	三	多凶
（地道） 2	██████	二	多誉（下卦中位）
1	███ ███	初	难知

中爻

我们的建议

1．趋吉避凶，是大家共同的愿望。求神拜佛、占卜问卦，只能当做辅助。最重要的，还是要靠自己做人做事都力求合理，明白"自作自受"的道理，并且贯彻奉行。

2．《易经》取法天地的变化，透过阴阳两个符号来设卦垂象，告诉我们应对进退的道理。只有能适时持经达变，才能依据原则做出合理的变通。尽量在圆满中分辨是非，发挥"善补过"的精神，方能有所得而渐趋于吉，而远离于凶。

3．我们处在吉顺的时候，最容易得意忘形。难免有一些小缺失，也不愿意诚心诚意地善补过，反而用"吝"的态度，尽量推诿责任，于是凶便随之而至，这才开始后悔。这种由吉而吝，招来凶祸才心生后悔的态度，值得大家反省改进。

4．老子说："祸兮福之所倚，福兮祸之所伏。"一般人都会背诵，却不能体会其中的用意。人生不如意事，十常八九，大家都应该坚忍耐烦，才有趋吉避凶的可能。

5．卦是时，而爻为位，再加上看不见的应，以及承、乘、据的关系，综合起来用心研判，以论断吉凶。关键不在利害，而在于得失。有所得为吉，有所失即是凶。

6．凭良心、立公心、求合理，是趋吉避凶的主要力量，而且主导权在我们自己，只要意志够坚定，自然心想事成。按照这种简而易行的方法去做，才合乎《易经》时时刻刻求合理的时中精神。

第六章　道德修养为什么是做人的根本？

宇宙万事万物，各有不同本性，
然而不同之中，必有共同的通性。

物质方面，个别差异很大，
各有不同需求，各有各的表现。

只有仁是万事万物的共通需求，
仁则生，不仁，就会麻木而枯死。

仁是人固有的，也是万物所固有的，
仁不是固定的德目，而是道德的根本。

做人必须不厌不倦，终生追求仁德，
所以道德修养，是做人的共同根本。

透过道德修养，可以通天道和地道，
人道的价值，于是因道德而长久弘大。

一、道在肉身可惜难以觉察

《易经》所说的天道、人道、地道，实际上都存在于我们的身上。因为天道和地道，都需要人来辅助。这种"赞天地之化育"的责任，使人成为万物之灵。人只要以人道通天道和地道，必然可以人定胜天，而且没有不良后遗症。

道不能弘人，虽然道存在于人的肉身，有手、有足、也有脑，却不知道用心，也是徒然。人才能弘道，只要有心，一切都在我的掌握之中，当然随时随地可以弘道。

由于眼睛向外长，使我们只看到外面，却看不见内心的深处。向外学习很多知识，仍然不明白道理，是现代人普遍的缺陷。原本讲求"由情入理"，如今"情"不见了，"理"又建立不起来，难怪中不中、西不西，愈来愈不知如何是好。最好的办法，莫过于正本清源，把《易经》的道理好好研读，弄明白我们长久以来，知其然而不知其所以然的学问，其中所蕴含的道理，以及真正的用意。把基本原则确立起来，然后持经达变，才能够国际化而不失去自我，现代化却不忘掉根本。认识自己的面目，才有资格做真正的我。

我们是《易经》的民族，易道早已和我们的肉身共存。可惜一般人不能觉察，反而舍本逐末，去学一些枝枝节节的东西，把整全的概念丢掉了，非常可惜。

易道主张一分为二，而二合为一。合大于分，和西方的分大于合，基本精神并不相同。二十一世纪全球化，必须以合大于分的易道，具有广大包容性的易经为基础，才能够顺利完成。所以全球热烈研习《易经》，已经成为一股新的风潮且日愈旺盛。

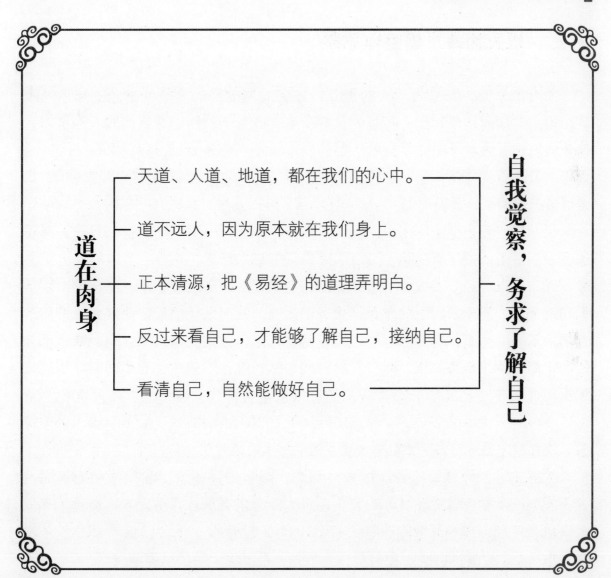

道在肉身

天道、人道、地道，都在我们的心中。

道不远人，因为原本就在我们身上。

正本清源，把《易经》的道理弄明白。

反过来看自己，才能够了解自己，接纳自己。

看清自己，自然能做好自己。

自我觉察，务求了解自己

二、以人为本发展整体思维

所有的学问，都是为了人的需要，才会发展出来的。从最古老的神话到宗教，再由哲学而科学，无一不是为了解决宇宙人生的种种疑惑和问题。但是，我们不能忘记，人类不过是宇宙的一部分。宇宙是一个大太极，我们只是一个个小太极。我们思虑任何问题，都应该站在宇宙整体的立场，必须发展出整体思维，才能够兼顾并重，面面俱到。

"一阴一阳之谓道"，告诉我们万事万物都出于一阴一阳的合二为一，必须依据一阴一阳的规律而变化。没有阴阳交错的基本矛盾，八卦、六十四卦就无法成立。矛盾不必对立，以免引起冲突，却应该化解，务求大化小，小化无，以达到和谐发展的效果。阴阳的变化，永远不停滞。然而变化的规律，却永远不变。我们把不变的法则，看做"经"，然后持经达变，以求制宜，求得随时随地都合理的化解方法。这种简单、明了、易行的整体思维，不但放之四海而皆准，而且历久弥新而不变，既能天人合一，又可以包容各种族、各地区、不同文化的特殊性。依求同存异的原则，在和而不同的气氛下，达成地球村的大同（小异）理想，实在是二十一世纪人类共存共荣的最佳途径。

《易经》的整体思维，可以用"和合"两字来描述。"和"指和而不同，"合"为合中有分。"和而不同"，表示大同之中有小异，必须互相尊重，不能勉强求其一同；"合中有分"表示全球化应该尊重本土化，以保持世界的多样化，符合生态发展的需求。和为贵，合为先，是世界大同的总原则。

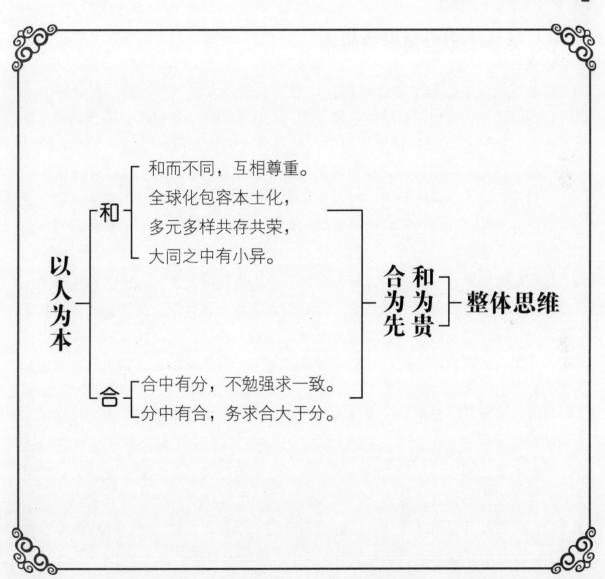

以人为本

和
和而不同，互相尊重。
全球化包容本土化，
多元多样共存共荣，
大同之中有小异。

合
合中有分，不勉强求一致。
分中有合，务求合大于分。

和为贵
合为先
整体思维

三、德本才末以道德为根本

道德这两个字，原本是分开的。"道"就是"道理"；"德"是"得"的意思，把道理付诸实践而有所得，便是德。道表示明白《易经》的道理，德指把《易经》的道理应用在日常生活当中，获得具体有效的良好效果。易卦六爻，分成天道、人道、地道三才。这三才的位置不同，却都以阴（--）、阳（—）两个符号组成。阴阳已经不是天、地或人特有的形象，而成为天地万物的共象。天道与地道分不开，人道也不能离开天道和地道，所以天、人、地的整体和谐与协调，便显得十分重要。

我们放眼世界，只有人可以与天地合一。人道能成天道，人德能承接天德。天道因人道而凸显，所以人能弘道。但是人力毕竟十分有限，而天道无穷。我们所能做的，不过是发挥仁心，以感应天地与他人。在物质方面，我们不可能照顾到每一个人；然而精神方面，却是可以推己及人，既久且远。换句话说，我们在许多方面，都无法与天地相通。只有道德精神方面，随时可以和天地万物相合。

系辞上传说：《易经》的道理，和天地相近似，所以不致违背天地的道理。能明白易理，既涵盖万物又足以匡济天下，行为不会过头，乐从天道，谨守本分，自然不会忧愁。安于所处的环境，敦厚地施行仁义，自能爱己爱人。一切的才能，都要以道德修养为基础。品德良好，又有才能的，叫做才德兼备。有德有才，当然最好。若是有才无德，那就非常可怕。不如无德也无才，来得安全。德本才末，是我们检验人才的基本准则，迄今仍然至关紧要。

天

顶天　与天地合一，
　　　人道能通天道，人德能承接天德。

人　　人能弘道，
　　　天道因人道而凸显。

　　　以仁心感应天地及他人，
　　　推己及人，既久且远。

　　　德本才末，
立地　有德者最好有才，有才必须有德。

地

四、仁义道德主宰时代盛衰

卦有六爻，分为三才：初、二两爻为地道，以刚柔为主；三、四两爻为人道，以仁义为主；五、上两爻为天道，以阴阳为主。地最重视规矩，无论开垦、挖掘、种植、施肥、收割、建屋、排水等等，如果不依法处理，很可能出大问题。地表现得相当干脆，能就能，不能也毫不客气地不予接受。这种刚柔分明的特性，十分明显。天和地刚好相反，不明白表示，只是阴阳变化不定，让人自己去猜测，还经常猜不透，也测不准。人处于天地之间，一方面要脚踏实地，规规矩矩，有地道的精神；一方面又要学习天的模糊和变化，于是"无规矩不足以成方圆"，就成为做人的原则。先站稳足部，再求表现手足的技巧。摸索了很久，终于找到了"仁"和"义"这两个最基本的要件。

从历史上看，中华民族可以在所有变化、动乱、灾难之后，恢复原先的社会秩序，真正做到《三国演义》所言"合久必分，分久必合"，便是基于这种人道的修养。

我们甚至可以说，中华民族的历史，从看得见的方面来说，是英雄豪杰的丰功伟绩所造成。然而由看不见的那一方面来说，可以发现自古迄今，是一群默默无闻，却始终坚持仁义道德的贤士，在承先启后，一以贯之。我们漫长的历史洪流中，凡是仁义道德弘扬的，必属盛世。反过来说，不重视品德修养，不仁不义的时代，自然衰落。看起来是了不起的人在改变时势，实际上却是仁义道德在主宰时代的兴衰。人道的力量，实在不可忽视。

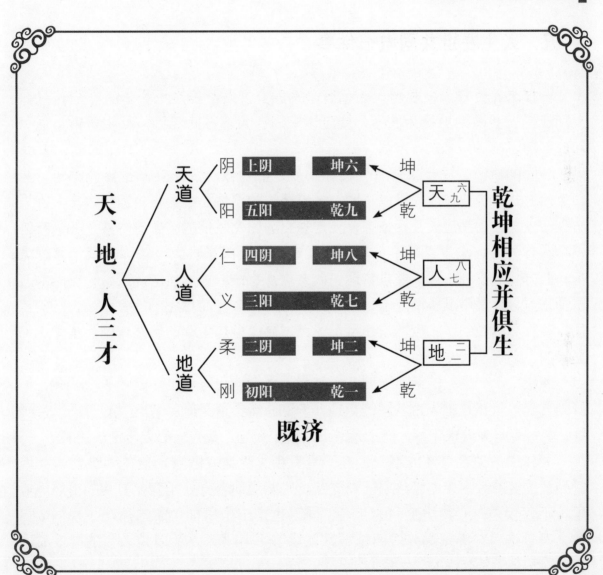

既济

五、人生在世共同做一件事

一样米养百样人，表示人人都有个别差异。既不能也不必求其一同，只要大同小异，共同维护社会秩序，就应该求同存异，彼此包容，互相尊重，保持和而不同。

共同的事情，说起来只有一种，那就是品德修养。只要品德修养相同，其他生活方式、专业技能大可以不同。《易经》的整体思维，告诉我们人与天、人与人、人与物，都应该互相依存，无法独立。因此我们的"人伦本位"和西方的"个人本位"，出发点既不一样，所发展的人际关系也大不相同。我们重视义务，西方强调权利；我们要求合理，西方重视合法。地球村的潮流，不论是西方压倒东方，还是中国压倒外国，结果都不可能持久，而且还可能会引起剧烈的抗争。就算真的做到了，也严重违反了多元发展、多样生存的自然法则，承受这种恶果的，必然是人类自己。

解决二十一世纪的最大难题，也就是消弭全球化与本土化的矛盾与冲突，最好的方法，依然是把人生共同的事情——道德修养落实好。共同以和合的仁义精神，好好商量来谋求化解，而不是动不动就要谈判，或是一心要求速战速决。

人和一般动物最大的不同，在于具有精神生命。随着历史的演进，人类经过无数的经验教训，心智终于逐渐成熟，开始发现自身处于变化莫测的自然环境里，不仅仅是一个物质生命的存在，同时也是一个精神生命的存在。我们能自主，有创造力，必须提升道德修养，才能够不辱"人之所以为人"的"性命"力，而不是活着就好的"生命力"。

自我定位

人人都有自主性，
我们都应该加以尊重。

认为自己和一般动物没有两样，
像动物那样活着就可以。

或者人为万物之灵，
必须有异于一般动物。

这种自我定位由各人自作自受，
不必勉强也无法伪装。

要不要像个人样？

六、道德促使社会愈变愈好

一卦六爻，分上下两个基本卦。二爻与五爻为中，且以六二和九五为既中又正，大多为吉。中华文化自伏羲、神农、黄帝、尧、舜、禹、汤、文、武、周公、孔子，以至于现代，一脉相承，都秉承《尚书》所说的"人心惟危，道心惟微，惟精惟一，允执厥中"的中道精神。其根本原理，即在《易经》"在不断变易的情境中，寻求合理的平衡点，以获得圆满的适应"，由各人的"时中"，谋求整体的和谐发展。我们是《易经》的民族，在此获得更进一步的证明。

变是必然的，也是十分危险的。因为时间永远在往坏的方向流动——人愈变愈老，东西愈变愈旧，事情愈变愈糟。我们常说"人生不如意十常八九"，便是"变有百分之八十是不好的，只有百分之二十是好的"。这种二十、八十定律对变化来说也不例外。我们不可不变，却不能乱变。意思是必须做好控制，在百分之二十的良好效果范围内，适当应变，也应该在百分之八十的不良后果范围内，做出更为小心谨慎的调整。由此可见，道德修养对于变好、变坏的关键性作用，实在不可忽视。

系辞上传说："变而通之以尽利。"意思是变化会通三百八十四爻，来施利于天下。系辞下传说："易穷则变，变则通，通则久。"告诉我们《易经》的基本道理，在于事物穷极了就发生变化，变化了自然就会通达，通达了就能够持久。只要我们提升自己的道德修养，大家凭良心，时时立公心，自己先力行，人人如此，自然合理变通而生生不息。

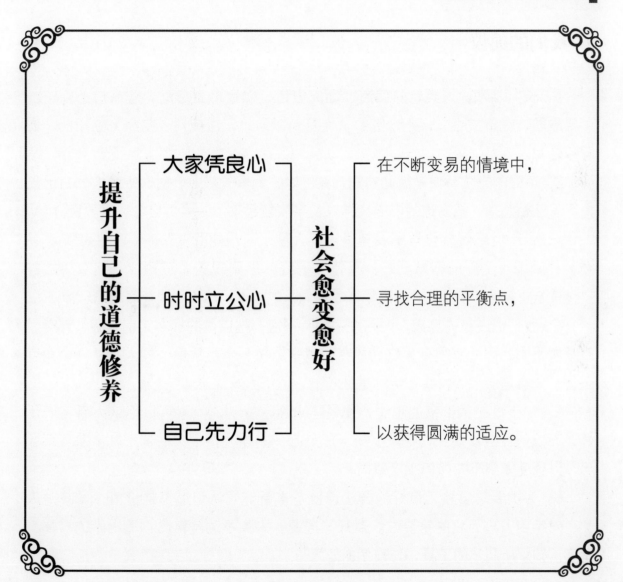

提升自己的道德修养 —— 大家凭良心 —— 时时立公心 —— 自己先力行

社会愈变愈好 —— 在不断变易的情境中，寻找合理的平衡点，以获得圆满的适应。

我们的建议

1．长久以来，人类走向偏道，远离中道，以致愈变愈乱，愈来愈不安宁。主要原因，在望文生义、不求甚解，而且自以为是，造成对《易经》的扭曲、误解和轻视。

2．最好的方法，便是彼此劝勉，共同以"大家凭良心，时时立公心，自己先力行"互相勉励，把易理的中道精神，及早恢复起来。由人类自救，来救世界！

3．二十世纪西方科学发展神速，使大家从"质能互变"中，回头看见《易经》"阴阳互变"的智慧光芒。可惜《易经》所重视的"道德"，迄今仍然被"科技专业知识"所淹没，把道德修养是做人的根本，从头到尾彻底地遗忘掉了。

4．我们把道德的意义，说到大家都听不懂；把道德的标准定得太高，弄得大家都做不到，因此有很多人自动放弃，也宁愿做一个不凭良心的人。从这个角度来看，人类是退步的，并不全然是进步的，值得大家深思。

5．二十世纪最不幸的观念，便是"求新求变"。大家盲目地认为新就表示好，而旧的便应该淘汰，把"变"当成是唯一的途径，不久的未来就变得江郎才尽，以致乱变到不知如何收拾残局。

6．人类要想自救，最好的方法，便是重新好好认识道德的价值，及其对人类、对宇宙万事万物的重要性。离开了道德，人类不过是自己创造出来的器物、制度、知识所利用的工具，与役使的奴隶！

第七章　宇宙可能永续经营吗?

现代社会要求永续经营,
唯有和平发展这一条途径。

两者缺一,就没有希望。
不是同归于尽,便是一起饿死。

人人必须下定决心,
只要我活着,就不让人类毁灭。

死了以后怎么办?
活着的人就要自己想办法。

多研读大象、小象,
对卦名也要多加玩味。

务须先求通天下之志,
然后才能成天下之务。

一、和平与发展任重而道远

阴阳平衡，不过是理想的状态。六十四卦当中，只有"既济"卦（䷾）做得到。即使如此，卦辞仍然提出"初吉终乱"，也就是刚开始时很好，不久就会引起困乱的警告。因为平衡的状态，随时会受到内外环境的变数所干扰，又变成不平衡。不平衡时谋求平衡，平衡时又被打破平衡，形成不平衡。这种变动不居的宇宙现象，使得人类时时刻刻，都有事情要做，必须活到老学到老，才有乐趣。

人类的历史，就是循环往复，周而复始的周流过程。系辞下传说："变动不居，周流六虚，上下无常，刚柔相易，不可为典要，唯变所适。"意思是平衡与不平衡的变动，普遍流行于各卦六爻之间，向上或向下，没有一定的法则。阳刚与阴柔也互相变易，不能拘执于一定的规格，只是按照所适合的方式，不断地变化。六十四卦的次序，由乾、坤、屯、蒙……一直发展到既济，已经完成圆道周流，未济开始又步入另一个圆道周流。生生不息，却一起一伏，形成我们常说的"风水轮流转"，有时东风压倒西风，有时则西风压倒东风，形势比人强，所以说"一切有定数"。

现代社会，由于科技发达，武器的威力十分可怕。人类必须和平发展，别无其他办法。因此和平与发展，成为二十一世纪人类唯一可行的途径。然而长久以来，人类好战成性，又拥有十分可怕的武器，可以说格外危险。《易经》的"一阴一阳之谓道，继之者善也"，应该是地球村的共同认知，才不致由于擦枪走火，造成无法弥补的不幸。

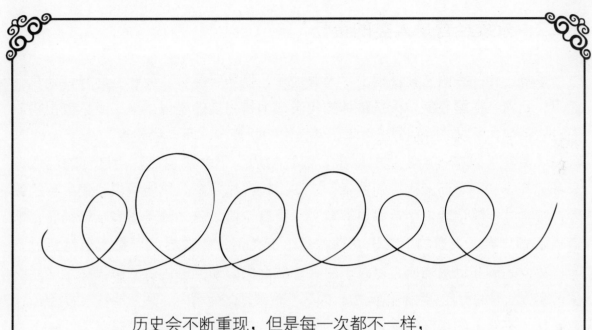

历史会不断重现，但是每一次都不一样，

平衡时打破平衡，不平衡时谋求平衡，

只要人活着，就永远有做不完的事情。

二、永续经营是人类的责任

系辞上传开宗明义，便指出"天尊地卑，乾坤定矣"。天在上而尊，地在下而卑，用意在提醒我们，天是精神的代表，地是物质的呈现。为了避免重视物质而轻忽精神，所以才特别分出尊卑，使大家知所警惕，而自我改善。

《易经》以精神为上达的对象，而视物质为下学的项目。用这样的观点，来探究孔子"下学而上达"的主张，应该比较容易了解。物质提供我们生存的保障，精神才能够使我们生活得更有意义、更有价值。三才的天道表示精神界，地道表示物质界。人道的上爻代表精神界，下爻则为物质界。可见人虽然经过下学，可以了解并运用物质，以谋求生存，然而仍必须要上达以了解天命，才能够妥善完成应有的责任。我们的天命，即在"赞天地之化育"，期待能够永续经营。

从《易经》的角度来看，天下的事物，各有不同的开关。开就是阳（—），表示电流接通了，可以产生动能，发生作用；关便是阴（--），表示电流中断了，电能不流通，暂时无法发生作用。开关不但要灵敏，而且应该适时妥为操作，才能合乎"一阴一阳之谓道"的要求，保持正常作业。

《易经》的宇宙观，是从仰观俯察的实际经验而来，既不迷信，更合乎科学精神。只要去私心、存公道、不忘本、不忘恩，什么是自己的责任，应该很容易明白。

人人都是一个太极，有物质的需求，也有精神的觉醒。上半夜想想自己，下半夜也应该想想别人。有所变也有所不变，时时以合理为诉求，凡事好商量，人类就有福了。

三、回归原点以求重新出发

天地生万物，为人类所用。人类有能力参与天地的化育，必须设法使宇宙万物生生不息，永续经营。然而宇宙是虚空的，天地才是真实的。乾为天、坤为地，是《易经》这个大家庭的父母。《序卦传》不称"乾坤"而直接指出"天地"，便是彰显天地的永恒存在。

上经从乾坤始而以坎离终，共三十卦，以天地水火为主，着重于自然现象，透过天道来说明人道；下经由咸恒开始，一直到既济、未济，共三十四卦，以人文为主，但仍取法于自然，告诉我们最好配合天道、地道，以恪尽人道。乾坤两卦演变到既济、未济，既济、未济两卦，乾坤仍在其中。

孔子在《序卦传》中记得十分清楚："有天地然后有万物，有万物然后有男女，有男女然后有夫妇，有夫妇然后有父子，有父子然后有君臣，有君臣然后有上下，有上下然后礼义有所错（措置的意思）。"可见夫妻之道不可以不长久地存在，所以在象征男女交感、夫妇之义的咸卦之后，接下去便是恒卦，表示男女一旦成为夫妇，便应该持之以恒，永结同心，百年偕老。

人道的伦理道德，从夫妇开始。乾道成男，坤道成女。乾坤定位，表示男女平等而不同性质。现代人只重平等却不理会不一样的性质，以致乾坤不能定位，一切都乱了规矩。我们呼喊要回归原点，却不知道原点在哪里。乾坤不定，其他还有什么可为？五伦都乱了，还奢谈什么第六伦？回归原点，把乾坤定位，好好整理一番，继旧开新，看看能不能有一番新的气象，人类未来的希望，即在于此。

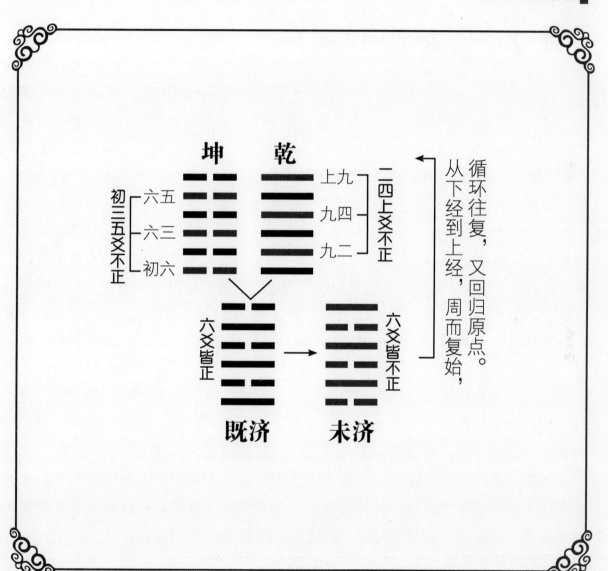

坤　乾

六五
六三
初六

初三五爻不正

上九
九四
九二

二四上爻不正

既济　未济

六爻皆正

六爻皆不正

循环往复，又回归原点。从下经到上经，周而复始，

四、易经大家庭的阳息阴消

八卦的变化，可以用阳息、阴消来观察。阳九之动始于震，表示阳的性质向上增长。在纯阴的坤卦中，一阳开始出现于下，向上的息长，也就是增长的意思。由一阳震、二阳兑，到纯三阳乾。这时候阳气已经息长至极，阳极（老）则一阴（少）生于乾中而成为离。阴包在阳中，便是阳中静态的阴，称为"阴八之静"。反过来说，阴六之动始于巽，表示阴的性质向下消剥，在纯阳的乾卦中，一阴开始由下向上消剥，于是一阴巽、二阴艮，以至于纯三阴坤。这时候阴气消剥至极，阴极（老）而一阳（少）生于坤中而为坎。阳包在阴中，即为阴中静态的阳，称为"阳七之静"。我们常说的"消息"，其实就是阳向上增长，而阴向上消剥，所产生的变化。今天称为讯息，意思是一样的。

阳的功能，在使阴减少；阴的功能，同样在使阳减少，并没有善恶、好坏、利害的分别，还是一句老话：合理就好。在《易经》这个大家庭当中，乾代表父，坤即为母。震是长男，坎为次男，艮即少男。乾为老阳，震、坎、艮是少阳。巽是长女，离为次女，兑即少女。坤为老阴，巽、离、兑都是少阴。乾坤生六子的步骤，便是系辞上传所说的"乾道成男，坤道成女"。少阴、少阳、老阴、老阳就是四象，可以用七（少阳）、八（少阴）、九（老阳）、六（老阴）四个数字来表示。乾坤定位，父母扮演好父母的角色，其余各卦自然随着定位，也就是子女扮演好子女的角色。重新加强家庭教育，重视人伦，才是回归原点。

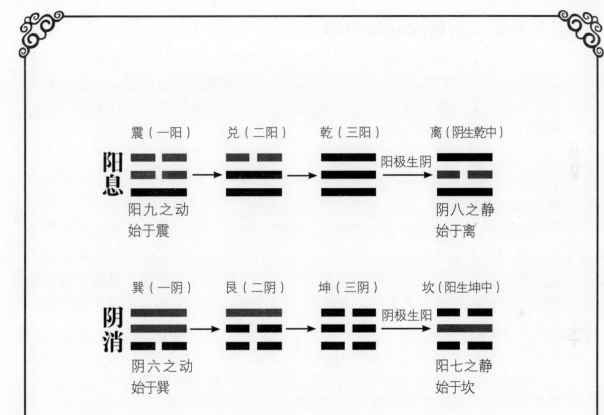

（本图采自周大利著：《周易要义》）

五、从家和万事兴到致中和

《易经》大家庭的基本成员，以八卦为代表。看起来为数不多，然而八卦相乘，重为六十四卦，表示宇宙万物的生生不息。其中的基本原理，便是我们常说的"致中和"。

古人的婚礼，新郎必须亲自以花轿到女方家中迎聘新娘，既不是新娘自己投入新郎的家，也不是由新娘父亲、兄长，或其他长辈把新娘交给新郎，充分显示对新娘的高度尊重。婚礼开始，新郎与新娘左右并立，一拜天地，二拜祖先，三拜高堂，然后夫妻互拜，表示除了尊敬天地、祖先、父母之外，还要夫妻互相尊重。

结了婚的男人，应该有正当可靠的工作，好好养活自己的家。夫妻不能过分重视性爱，或者在性爱方面无限制享受，以致很快就力衰情竭，彼此产生恶感。最好培养更高层次的共同目标与兴趣，避免因冷漠而导致婚变。

家和万事兴，说起来容易，实际上牵连的因素很多。从不忘根本、夫妻有别、父慈子孝、兄友弟恭，到邻居有义，都离不开良好的品德修养。人人以致中和为共同目标，在和平中求发展，才可能孳生繁衍、生生不息。

现代人只谈恋爱不结婚，大腹便便犹未结婚，居然还上电视侃侃而谈，毫无羞愧的感觉，也有歹徒为了诈取保险金，可以谋杀妻小或父母……科技再发达，教育再普及，请问又有何用？

从乾坤定位着手，以家和万事兴为共同努力的目标，而不再以"只要我喜欢，有什么不可以"的个人主义自居，然后推而广之，逐步致中和，人类才能有光明的未来。

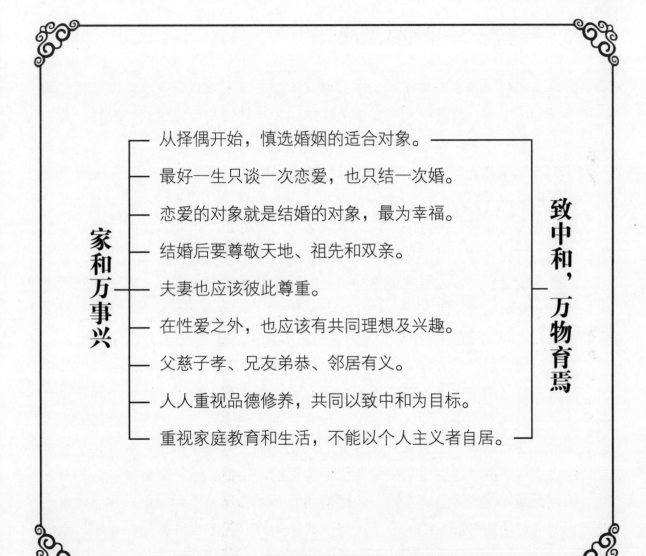

致中和，万物育焉

家和万事兴

- 从择偶开始，慎选婚姻的适合对象。
- 最好一生只谈一次恋爱，也只结一次婚。
- 恋爱的对象就是结婚的对象，最为幸福。
- 结婚后要尊敬天地、祖先和双亲。
- 夫妻也应该彼此尊重。
- 在性爱之外，也应该有共同理想及兴趣。
- 父慈子孝、兄友弟恭、邻居有义。
- 人人重视品德修养，共同以致中和为目标。
- 重视家庭教育和生活，不能以个人主义者自居。

六、易经在廿一世纪的效能

现代人相信"知识即权力"，可以提升生存能力，提高生活品质。科技发展主导了快速的改变，导致生态与环境的破坏。偏重智育而忽视德育的严重后果，更促使赢家愈来愈强，输家愈来愈弱。M 型社会固然是事实，却具体表现人类的不凭良知与缺乏羞耻心。为了自身的利益，运用谋略巧取豪夺，似乎是理所当然，甚至还能获得赞赏。

站在人类永续经营的立场，令人不禁怀疑：晚近四百年间，由西方所主导的价值取向、文化目标，是不是应该重新加以检讨？而我们经常挂在口头上的普世价值，是不是需要加以合理地调整和改变？因为按照目前的情况，再继续发展下去，似乎十分不乐观，使人胆战心惊而至感不安。

《易经》认为宇宙间的天地交感，组成和谐共生的生态网。人与人之间，必须有所觉悟，唯有"通天下之志"，才能"成天下之务"。成就天下的一切事务，先决条件是通晓天下人的心志。心志相通，是齐家、治国、平天下的基础。如何才能够心志相通呢？同人卦指出，只有具备正德的君子，才有可能与天下人心志相通。换句话说，多研读《象传》的大象、小象，对卦名多加玩味，从多角度触发道德实践的意念，经常提醒自己何德何能，再加上谦恭与自省。这不是缺乏自信，而是对上天有信心。明白自己能通天下之志，是上天保佑，并非凭自己的知识和能力所能够完成的。有了良好的道德实践，知识当然就是力量。否则仁智不能互动，知识专门用来欺骗比较缺乏知识的人，当然会造成很多社会乱象。

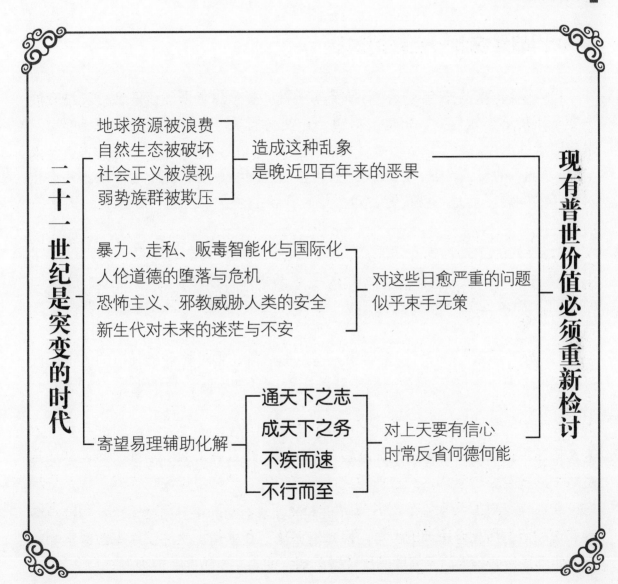

二十一世纪是突变的时代

地球资源被浪费
自然生态被破坏
社会正义被漠视
弱势族群被欺压

造成这种乱象
是晚近四百年来的恶果

暴力、走私、贩毒智能化与国际化
人伦道德的堕落与危机
恐怖主义、邪教威胁人类的安全
新生代对未来的迷茫与不安

对这些日愈严重的问题
似乎束手无策

寄望易理辅助化解

通天下之志
成天下之务
不疾而速
不行而至

对上天要有信心
时常反省何德何能

现有普世价值必须重新检讨

我们的建议

1. 不要老算过去的旧账，而是要向前看，多想想未来应该怎么办。过去的历史，不能够当做包袱，它是一面镜子，使我们学得宝贵的教训，并思考出未来应该走的途径。

2. 现有的普世价值，发展了几百年，已经漏洞百出，经不起考验。并不是对与错的问题，而是不够周密，也不够周详，必须加以调整，以求符合时代的演变。

3. 最好的方式，是回归原点，然后重新出发。人性的原点，其实就是宇宙的原点，具体而言就是一个"仁"字。知识既然发展，不可能也不应该回到从前。然而仁智不能并重，知识便可以害人——这一点已经成为事实，必须及早改善。

4. 光凭阴阳的符号，顶多看出一些近似形象，很难体会出其中的道理。透过卦名和卦义，才能够明白道德实践的指引。多加玩味，便知道更深一层的心路历程。

5. 二十一世纪相较于近来愈变愈快的几个世纪，是一个突变的世纪。说起来也是我们相信求新求变的必然结果，我们在自作自受之余，应该负起应变的责任，不能轻忽。

6. 如此看来，《易经》在二十一世纪的功能，实在十分清楚。二十一世纪需要易道的指引，易理将在二十一世纪获得发扬，几乎无可怀疑。身为炎黄子孙，如何能把易道重新整理，发挥力量，应该是对世界人类的最大贡献。

第八章　易经是怎样开始的？

想了解《易经》开始的情况，
请模拟伏羲氏当年的自然景象。

环境既单纯又自然，
人心也相对地简单而纯洁。

随着时代的变迁，
显秩序和隐秩序愈来愈遥远。

这时候回想《易经》开始的情况，
对回归原点，正本清源十分有助益。

天地万物的变化，只有一个道理，
称为象数理的连锁作用，生生不息。

道德人格是主要的关键，
保持善的方向不变，才是正道。

一、想一想伏羲当年的情况

要了解《易经》的起源，必须先想象一下伏羲氏当年所处的环境，所能看到的景象，到底是什么样子？既没有现代的高楼大厦，天空底下最高的就是树，风吹来，树枝、树叶会跟着摆动，所以天底下动的就是风（☴）；那时没有地下铁道，行驶起来有震动的感觉，因此地底下动的，只有雷（☳）；那时候环境十分自然，人心也相对单纯，八个基本卦，也就够用了。由于一阳一阴之谓道，天底下如果有看得见的显秩序，就一定有看不见的隐秩序。伏羲氏的时代，自然的景象居多，人为造作很少，人们很习惯于隐秩序，显秩序反而不明显。就算逐渐增加一些显秩序，也大多引申隐秩序，彼此相当吻合，没有什么"天定胜人"或"人定胜天"的争论。经过伏羲氏的指引，大家都接受宇宙是一个大太极，人人都只是一个小太极的观念，真的十分简易。

伏羲氏最大的贡献，是以他的智慧，为人民定出了方向。如果他指出所有的秩序，都是神在主宰，中华民族势必走向宗教途径。然而，伏羲氏并没有这样做，一直到现代，我们受到他的影响，有信仰而没有宗教，成为最大的特色。"智慧"和"知识"不同，方向的指引，主要靠智慧。中华民族，本来很有智慧，现代却丢失了，学了很多知识，只落得小聪明——得到小聪明，失去大智慧，是现代中国人最大的不幸。伏羲氏的时代，人和神是同一的，既没有神圣的灵光，也没有迷信的色彩。对于《易传》所说的"神"，我们应该好好体会一番，才不致为小聪明所误！

伏羲氏当年情况

天圆地方，日月依序运行。

天底下最高的是树木，风一来树枝就摇动。

天空中一片虚空，火燃烧时照亮天空。

天的倒影呈现在湖潭中，形成天在湖水的下面。

地上面最高的是山，不移动，好像停止在地上。

大地当中有水流，不间断由西向东流动。

地下震动时，大家就知道打雷了。

中华民族有智慧，是来自于伏羲氏的启发。

现代人只有小聪明，却丢掉了大智慧。

人和神同一，没有迷信

二、神就是知变化之道的人

系辞上传说："知变化之道者，其知神之所为乎！"懂得变化规律的人，知晓神明的所作所为，大家也就把他当做神了。我们把通达变化的人，称为了解事态，却把阴阳变化不可测定的事态，叫做"神妙"。若有人能够掌握未来的变化，摸清楚神妙的事态，那当然是神明，用不着怀疑。

《易经》本身既没有思虑，也没有作为。它寂静不动，却能够透过阴阳交感而通晓天下万事万物。如果不是天下最神妙的道理，又有谁能够达到这种地步呢？

"坤"表示关闭门户，把万物闭藏起来；"乾"代表打开门户，把万物吐生出来。这样一关一开，便是常见的变化。用来推知未来的变化，叫做"会通"。把变化显现出来，称为"表象"。变化成有形的器具，使用它，就是"效法"。人们反复不断地利用这些器具，却不知道它们的原理，岂不是十分神妙？

孔子不说怪、力、乱、神，却在《易传》中说了不少的神奇、神妙、神明、神灵，他还原了伏羲氏心目中的神，却巧妙地否定了殷商时代人们走火入魔式的迷信神。

伏羲氏告诉我们，只有自己努力尽责任，才能够获得来自上天的佑助，吉祥而无所不利。但是孔子在系辞下传又指出："天下之动，贞夫一者也。"意思是天下万事万物的一切活动，都应该坚守贞正的精诚专一，也就是回归原点，既仁又诚。可见上天佑助与否，完全端视我们的道德实践正或不正，当位或不当位。求神不如求人，求人不如求己。只有修己以诚，自律自主，上天才会加以佑助，所以积善之家必有余庆。

坤代表关闭门户,把万物闭藏起来。

乾代表打开门户,把万物吐生出来。

《易经》的开关原理,一开一关。

用象来表示变化的样子。

把阴阳变化不可测定的事态,叫做神妙。

否定了殷商时代走火入魔式的迷信,

却能够掌握未来的变化。

真是天下最为神妙的道理。

其知神之所为乎?
知变化之道者,

上天自然给予佑助。
修己以诚,自律自主,

103

三、伏羲时代以隐秩序为主

既然一阴一阳之谓道，那么有隐秩序就有显秩序。前者无形无迹，很难掌握，也不容易说得清楚。后者有形有迹，比较容易掌握，也比较容易说清楚、讲明白。隐秩序要透过显秩序来表现，但仍有隐而不现的部分，我们称之为"看不见的手"。显秩序当中，确实有隐秩序的影子，使我们隐隐约约，觉得那一只看不见的手，真的若隐若现。

但是，我们必须警觉：现代的隐秩序所占的比重，刚好是伏羲时代显秩序的部分；而伏羲时代隐秩序的比重，却和现代的显秩序一样。乾坤颠倒，人伦错乱，连带使很多层面都乱了套。

伏羲时代，天圆地方是大家都看得见的自然景象。他用一个单纯的符号，把主宰一切变化的隐秩序，前无古人地彰显出来，成为人类建立显秩序的第一道曙光。

我们今天说天圆地方是可笑的，因为地球是圆的，地怎么能方呢？实际上圆就是方，而方就是圆。大方是圆的另一种说法，方到很大很大，不就成为圆了？小圆是方的另一种称呼，圆到很小很小，逐渐有棱有角，那不是方是什么？阴阳互变，方圆也不过是一种相对的名称。

八卦表示人类早期的显秩序，由于大多由隐秩序孕育而来，符合自然的规律，合乎人性的需求。伏羲氏说可以通神明之德，也可以类万物之情，意思是不但贯通了神妙光明的德性，而且也按类区分，描述了万事万物的情状。

显秩序和隐秩序，应该是一体两面，而不是互相竞争、对抗、冲突，可惜由于人类的小聪明愈趋发达而忘却了。

隐秩序尊重自然，敬神顺天。

显秩序重视人为，人定胜天。

伏羲氏时代，隐秩序的比重大于显秩序，

人与神、人与自然，和谐共生。

现代显秩序的比重大得惊人，

大家只知有显秩序却忽视隐秩序，

十分不敬地称为"看不见的手"，

导致乾坤颠倒，人伦错乱，

连带使很多层面也乱了套。

隐秩序为主的时代

而不是互相对抗和冲突。
应该是一体两面，
显秩序和隐秩序，

105

四、文武之道不坠各有见解

周文王重卦，使八卦发展为六十四卦，同样是居于当时的需要，并不是文王贤德，登高一呼，大家就群起响应。

天下的改变，表面上看起来，是一、二人所造成的。实际上这一、二人并不一定能成功，还是要靠大多数人的支持。所以少数就是多数，多数便是少数。少数服从多数，和多数服从少数，不能用二分法的思维来加以分别。

文王距离伏羲三千多年，显秩序的势力，愈来愈强大，和隐秩序的距离，愈来愈遥远。文王不得不用当时的显秩序，来解说他所明白的隐秩序。一直到五百年后的孔子时代，依然争议不断。所以孔子才说：文王、武王的道理，并没有失落，仍有人传着。不过贤人记得"大用"的"道理"，不贤的人记得"小用"的"术数"。各有见解，也各有不同的用途。

六十四卦以人道思想为主，把八卦的天道思想，应用在人生的教化方面。因为人是天地自然所生，效法天地自然是必然的。效法什么呢？效法周流变化的道理，便是我们常说的"道"。人依道行事，就叫做"正道"的君子。正道是变化的，并非固定的。所以系辞上传说："看到天下万物的道理深奥复杂，把它比拟成具体的形态，用来象征事物适宜的意义，称为'象'。看到天下万物的运动变化，观察事物的会合变通，用来推行典章礼仪，透过六十四卦三百八十四爻的爻辞来判断事物的吉凶，叫做'爻'。把这些变化的道理，真正应用在日常生活上，还要靠知晓"易理"的人，本身具有美好的德行。"

天下的改变，是一、二人所造成的

一、二人的倡导，可以改变社会风气，

看起来是贤明的少数，影响大多数人。

这一、二人的主张必须获得大多数人的支持，

实际上又是少数服从多数的作用。

所以多数便是少数，而少数也是多数，

这种思维方式，应该是全方位的思虑。

文王以后，大家都隐隐约约知道《易经》的道理，

只是贤人记得大用，不贤的人却记得小用，

不论如何，都以具有美好的德行为根本基础。

然而这一、二人的主张，还必须充分获得大多数人的支持。

五、天地万物只有一个道理

宇宙的变化，其实只有一个道理。系辞下传说："天下之动，贞夫一者也。"便是告诉我们，千变万化的背后，有一个不变的道理。换句话说，有看得见的现象，就有看不见的势力。宋朝的朱子说得好：宇宙间一切事物，只有"道理"是真实的，其余万事万物，都是颠倒而迷妄。每一时刻，都有变化、毁灭的可能。这个不变的道理，并不是凭空想象出来的，它是依据"象"和"数"推理出来的，称为"象、数、理的连锁作用"，是推理而不是神通。

《易经》把宇宙变化的道理，透过阴（物质）、阳（精神）、时（时间）、位（空间）四大要素，依象数理来说明。伏羲氏有卦无辞，只有阴阳的象。简单八种形象，随人任意解释，当然包罗万象。周文王重成六十四卦，阐明"数"和"理"，从此理在象数之中，由象数以推理，便成为我们经常"观察有关现象，寻找有关数据，研究改变道理"的依据。长久以来，大家感觉到确实有效。

"象"是名词，"像"什么？就成为动词。道理显而不现，用符号把它形容出来就叫做"象"。八卦象征万事万物，六十四卦象征万事万物的变化。象征的意思，是透过形象来说明事理，还是以理为重，不能仅止于象。

"数"指初、二、三、四、五、上，说明"时"和"位"，九代表"阳"而六代表"阴"，并没有丝毫神秘的意味。不能把象数说成神迹，以免引起迷信。

象数的功能，都在说明道理，阐明易理最为重要。

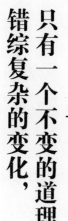

错综复杂的变化，只有一个不变的道理。

宇宙间一切事物，只有道理是真实的，

其余万事万物，都是颠倒而迷妄。

依据象数推出来的理，可以行遍天下都通用。

用符号形容出来，叫做象，
透过形象说明事理，仍是以理为重。

数指初、二、三、四、五、上、九、六，
并没有丝毫神秘的意味。

象数的功能，都在说明易理。

明白易理至关紧要

六、道德人格成为主要关键

现在开始，我们要把《易经》称为"易学"。因为自从《易传》出现以后，《易经》原有的占卜功能，逐渐为"易理"所取代。象数理的连锁，成为"大用"，占卜反而变成"小用"。卦爻定吉凶，只能当做趋吉避凶的参考。最好不要相信"铁口直断"，避免丧失了自主性和创造力。因为各爻的吉凶，实际上有"物极必反"的观念。卦象吉的，最后一爻大多反而不吉；卦象凶的，最后一爻有时反而吉。

前文所述"居中为吉"的观念，更是告诉我们：无论处于哪一种状态，都有可供选择的自然之道，那就是"变中不变"的"中"。"中"便代表"正"，也就是"正道"，所以吉祥。

吉凶的依据，则是隐秩序与显秩序兼顾并重的宇宙秩序，便是"道"。道有正道，邪道，有中道、偏道，完全由我们自己选择，也必须自作自受，不能够怨天尤人。

趋吉避凶要靠自己，主要关键在于自己的道德人格。上天是公正的，人人随时都能够"求道"、"修道"、"明道"、"悟道"，以致我们常常互相询问"知不知道"。中华民族有信仰而没有宗教，便是提醒我们，要信仰上天是公正而无法公平的，给我们同样的机会，却不保佑或保证我们有同样的结果。师父领进门，修行在个人。在个人的什么？在个人的道德人格上。系辞上传所说"继之者善也"，"继"就是保持方向，也就是保持正道向善的精神。人或事的"吉"、"凶"，即是依据合不合乎道的向善。合乎正道即吉，离经叛道当然是凶了。

象数理连锁才是《易经》的大用，
占卜反变成小用。

不要相信铁口直断，
以免丧失自己的自主权和创造力。

道有正有邪，有中有偏，
完全由自己决定，也自作自受。

师父领进门，修行靠个人，

保持正道向善，才是真正的悟道。

道德人格是主要关键

离经叛道即凶。
合乎正道为吉，

我们的建议

1. 《易经》由八卦开始，"**--**"、"**—**"两个符号，是"象"。三爻排列组合，便成"数"。"象"、"数"当中，都透露出"理"来，我们常常观看现象，查阅数据，然后依理判断，找出因应之道，便是象、数、理的连锁作用。

2. 最早的社会秩序，都由宇宙秩序来指引。所以显秩序和隐秩序相当吻合，也就是说天人合一的作用十分明显。现代社会显秩序逐渐远离隐秩序，最好提高警觉。

3. 六十四卦，主要在提示我们，宇宙秩序是周而复始、循环往复的。以既济、未济两卦收尾，既济表示完成，而未济则代表尚未完成，又是另一周流的开始。

4. 我们说"否极泰来"，便是"物极必反"的意思。趋吉避凶是我们共同的要求，但是关键在于我们自己的道德人格。一切自作自受，表示自己必须负起全部责任。

5. "道"有中有偏，我们必须觉悟，人有偏道的倾向，只要稍微松懈、放纵、狂妄，立即走上偏道。现代人的通病，即在于此。想一想《易经》是怎样开始的，然后正本清源，好好调整现有的普世价值，以求继旧开新，走上正道。

6. "正"是"变中不变"的道理，现代人盲目求新求变，远离中道，是自取其咎。回归原点，不能只是口头上说说，必须付诸实践。行中道，才是至关紧要。

第九章　易学的神是什么？

避谈鬼神，难免是心虚的表现，
要谈鬼神，实在缺乏具体的证据。

孔子虽然不谈鬼神，
却肯定了鬼神的存在。

希望大家"敬鬼神而远之"，
以"情"感通，不模拟鬼神的形状。

敬鬼神而远之，才是真正的敬，
可以启发自己的智慧，并努力向善。

一方面承先启后，负起自己的责任；
一方面精神不死，务求不让后人辱骂。

祷告鬼神的用意在求得自己清明感通，
不能索求功名利禄或因未如己愿而加以侮辱。

一、古代人与天及神的关系

中国古代，把"天"当做人间的最高主宰，相当于基督教所说的"上帝"。这种观念，一直到现代，仍然具有很大的影响。由于"天"和"上帝"一样，都是"无所不在，无所不知，无所不能"，现代年轻人经常无意间发出"老天，My God"的呼喊，表示潜意识中，天即上帝。

然而，"天"毕竟和"上帝"不同。中国人只把人力所不能决定的部分归于天意。人力所能及的，人必须自行负责。孔子把它归纳成为："尽人事以听天命"，人只管恪尽自己的心力，成败与否由天来做最后的决定。

天无言，人只好猜测天意。猜得准的，大家就认为很"神"。逐渐引申为"凡能协助人明白天意的"，都称之为神。所以后世神愈来愈多，遍及各地。我们信仰"一天多神"，和《易经》的"一（太极）之多元（两仪、四象、八卦）"相类似，并不是一般人所说的信奉"多神"教，因为我们只有信仰，却没有宗教。我们"祭天"，是尊敬上天的公正廉明，除非为大众求雨、求国泰民安，不能为私事向上天请求。一般人祈求上天保佑，不过是一种心理上的安慰。所以事过境迁，就抛诸脑后，实为人之常情。我们"祭祖"，是向逝世的祖先保证自己致力于光宗耀祖，不辱家风。由于血缘关系、骨肉情深，有时连声呼喊祖宗保佑，更是常见的事。天看得见，但天意难测，因为天看得远，还要顾及四方，不是我们所能了解的。神看不见，却没有不可解释的神秘性。天和神，都没有超越世界之上的权力，无所不能，也只能在世界的范围内施行。

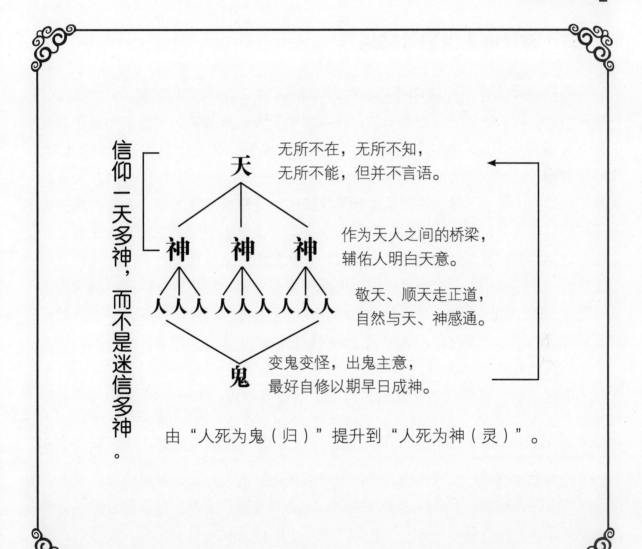

信仰一天多神，而不是迷信多神。

天

无所不在，无所不知，
无所不能，但并不言语。

神　神　神

作为天人之间的桥梁，
辅佑人明白天意。

敬天、顺天走正道，
自然与天、神感通。

人人人　人人人　人人人

鬼

变鬼变怪，出鬼主意，
最好自修以期早日成神。

由"人死为鬼（归）"提升到"人死为神（灵）"。

115

二、神鬼依人世的习惯运作

我们说神没有不可解释的神秘性，主要是"一阴一阳之谓道"，生死不过是阴阳的变化，所以"人死为神"，便很容易为大家所接受。天是天下人所共有的，只能为天下人设想，不会为任何个人谋取私利，因此十分公正，被尊称为"天公"。于是，我们便想起祖先，是自己家里的人，死后为神，对家人最清楚，也最为关爱。于是便在家里立起祖先牌位，有事好商量。中国人习惯把祖宗牌位扛在肩膀上，走到哪里就带到哪里。多了一条导引线，把我们和祖先的灵，紧密地结合在一起。祭祖先时家人团聚，在祖先面前交换意见，总归比较容易形成共识。平日有事，在家也可以向祖先牌位禀告一番，把不方便说出口的事情，默默地向祖先提出咨询，若是获得启示，就等于有名师指点。神和人的行为及价值标准，基本上十分接近，哪里有什么神秘性？由于人有品德修养的高下，所以死后也按其生前的表现，分别经过严格的考核，品德良好的为神，较差的为鬼。

中国人最有趣的事情，便是把自己的祖先当做神，却把同样是别人祖先的游魂称为鬼。当然，有时候对自己人不满意，也会骂一声"死鬼"，不过很快就会改口了。

这种亲密的神、鬼和人的关系，同样应该适可而止，否则就会成为迷信。但是，一旦有人相信，就会有人加以利用。天地间最擅长装神弄鬼的莫过于人，有人便有装神弄鬼的情况发生，不过是严重与否的程度有所不同而已。孔子极力加以导正，仍然免不了有很多观念，迄今仍然存在。

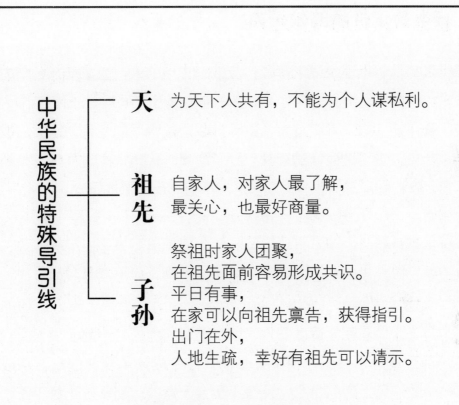

中华民族的特殊导引线

天　为天下人共有，不能为个人谋私利。

祖先　自家人，对家人最了解，
　　　最关心，也最好商量。

祭祖时家人团聚，
在祖先面前容易形成共识。
子孙　平日有事，
　　　在家可以向祖先禀告，获得指引。
出门在外，
人地生疏，幸好有祖先可以请示。

把祖先牌位扛在肩膀上，
四海为家，走到哪里都有辅佑。

三、占卜祈求神示的公信力

占卜祈求神示，用现代话来解释，应该是占卜的人，为了增加公信力所假定的一种方式。一直到现代，仍然有人相信在神前掷筊，同样是一种占卜用具。

伏羲氏画八卦，原来可能是为了造字，并透过符号的变化，以实施教化。但是免不了被神化，应用做迷信的工具。到了殷商时代，大家过度信神，所有人事都诉之于神，以致利用占卜欺惑大众，层出不穷，反而造成不安。

周文王重卦，原本想要扭转当时一切听命于神的不良现象，希望大家透过卦爻的变化来趋吉避凶，而不是接受吉凶的判定。但是，当时的大环境，不容易迅速加以改变，以致周朝开始制礼，限制人民信神，提出反神权的观念，这些都是周公的"天命无常"所引发出来的。他不断说明：上帝（当时通用的称呼）引导人民走向安乐，夏朝能适度安乐，所以上帝和他们在一起。后来夏君不依照上帝的意思而过度逸乐，上帝便不关心他，命令成汤革夏朝的命。从成汤到帝乙，没有一个敢违背上帝的命令，没有不配合天意的。到了殷（纣）王，由于过度享乐，不顾天理和人民的痛苦，于是上帝不再保护他。孔子曾经说过，他在睡觉做梦时，都忘不了周公，便是制礼作乐的功能，使他十分敬佩。孔子不称"上帝"，恢复"天"的名称。以"礼"为"天道"的依据，"奉礼"便是"畏天"，人人依礼顺天。而礼的基础，在于人的自觉，并不在天。开启了"祭如在，祭神如神在"的新观念，以"敬鬼神而远之"为常态。

请神来见证，提升公信力。

在神前占卜问事，大家容易相信。
一切听命于神，就有人装神弄鬼。

只要有人相信，提供上当的机会，
便有人欺惑诈骗，无所不用其极。

周朝为了扭转殷商的过分迷信，
不但制礼作乐，而且明令禁止神权的扩张。

礼是天道的依据，奉礼即是畏天，
人人依礼顺天，仍须自觉、自律、自己努力。

敬鬼神而远之，才是最合理的心态。

不能过分信神，以免造成不安。

119

四、以人为本的天神鬼定位

孔子自述五十知天命，主要是在"人所能主宰"的"义"（应该、合理）和"人不能主宰"的"无可奈何"（看不见的手、风险性）做出适当的区隔。我们深信这种主张，符合伏羲氏、周文王、周公的原意，可谓一脉相承。

一直到现代，我们仍然停留在"既没有能力证明鬼神的存在，也没有能力证明鬼神并不存在"的无奈阶段。如果一定要把不可确知的鬼神，当做知识来研究，实在很难获得具体的答案，也不容易建立起大家的共识。

孔子尊重每一个人的自主性，是居于"敬人者人恒敬之"的人性基础，让大家自己做决定，相信不相信鬼神的存在？相信的，可以参与祭祀；不相信的，也不勉强。但是，孔子虽然不谈鬼神，却肯定了鬼神的存在。他认为鬼神的形状，固然无法加以描述；然而鬼神的精神，却是可以透过感应而获得印证的。祭祀时诚心诚意，自然会感觉到鬼神的精神，好像出现在自己的面前。有了这一层体会，使人对自己的精神，产生"不死"的信心。于是有限的生命，可以借由精神的无限延伸，而增加很大的价值。加重了我们承先启后的责任，也加强了我们自作自受的警惕。

敬神，不是把自己的命运委任给神，而是祈求神赐给我们智慧，使我们明白做人做事的道理。自己选择未来，发挥以人为本的高度自主性，神鬼对我如何，并不重要，我自己要怎样回应，才更要紧。孔子提出敬而远之的主张，实在是真正的诚心诚意，值得大家深思遵行。

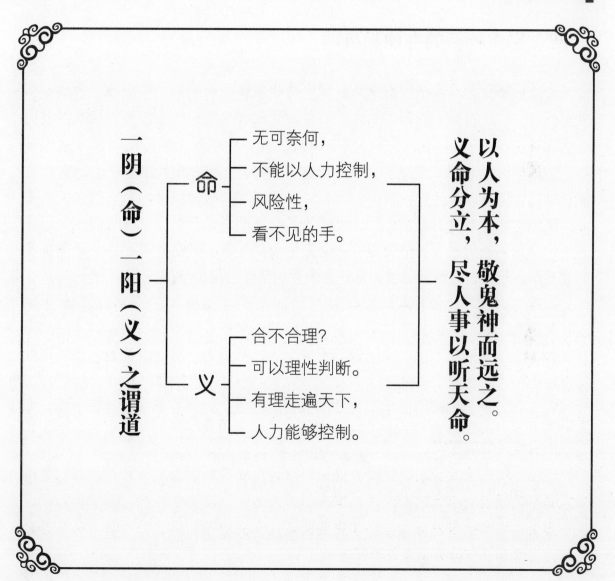

一阴（命）一阳（义）之谓道

命
- 无可奈何，
- 不能以人力控制，
- 风险性，
- 看不见的手。

义
- 合不合理?
- 可以理性判断。
- 有理走遍天下，
- 人力能够控制。

以人为本，敬鬼神而远之。
义命分立，尽人事以听天命。

五、敬鬼神目的在加强自律

人性的需求，是自由、自主、自在。我们不希望被管制、受束缚、遭禁锢。不幸的是，一旦自由、自主、自在，我们就觉得好像可以为所欲为，偏偏适时出现很多听起来十分受用的声音，因而得意忘形，犯下重大的过错，这才后悔莫及，造成很大的遗憾。周文王重卦，用意即在提醒大家不要得意忘形，时时提高警觉性，以免害人害己。

孔子主张"敬鬼神而远之"，便是人具有局限性，无法遇事样样顺遂。不断地犯过错，不断地改过，好像是人人必经的共同途径。知过能改，隐含着鬼神及时的启示，当然，这种及时的启示，也是我们自作自受的结果。

同样是人，为什么有人知过能改，有些人却不知过错，或者明知过错也不能改？关键在于这个人的品德修养。品德良好的，鬼神不忍心袖手旁观，所以热心指点他，促使其知过即改。品德修养不好的人，和鬼神不可能有感通，不能够获得及时的指点，因此不知改过。

孔子用道德修养来打通幽冥世界和人生的界限，对鬼神采取"似有若无，似无若有"的"亦即亦离"心态，借由鬼神的感通来提高人的自律。鬼神不论存在与否，我们一律"敬而远之"，实在是有百利而无一害，何乐而不为？

不求鬼神，却促使鬼神主动佑助我，既尊重自己，也尊敬鬼神。既不迷信，又能加强自律，岂不是上策！

请神容易送神难，敬而远之，保持合理的安全距离，应该是"君子之交淡如水"的最佳写照，可供参考。

人非圣贤，孰能无过？

人有局限性，不可能事事顺遂。

=

知错能改
鬼神及时指点，
才能适时觉醒。
平日顺天敬神，
自然有所回应。

知过不改
鬼神袖手旁观，
不能及时觉醒。
一错再错又错，
必然难以挽救。

不可与鬼神过分亲密。
君子之交淡如水，
加强自律，
借鬼神的协助，

六、透过鬼神意在求得感通

人的生命有限，原本就是一种无奈。人必有死，是无法改变的事实，而追求永生，又成为大家共同的愿望。透过"人死为归"，"归"即为"鬼"，若是继续生前的品德修养，不断地为公众服务，便有机会被尊奉为"神"，我们终于找到了一条可以永生的有效途径。人死之后，躯体归于尘土，只有精神能够长存。因此神的外形如何，无法定论，而神的感情，永远存在世人的心中，则是可以证明的事实。

只要大家记得孔子，孔子永远活在我们的心中，孔子就获得某种形式的永生。只要祖先活在我们心中，表示我们心中有祖先的存在，祖先便成就了某种程度的神性。

这样，我们有生之年，只要尽心行善，用心实践仁道，凡事力求合理，死后便能够通于鬼神而获得永生。立德、立功、立言三不朽，就是有效的途径。教育出贤孝的子孙，心目中有祖先的存在，能尽心尽力光宗耀祖，更是人人都走得通的大路。长久以来，我们知其然而不知其所以然，现在明白这个道理，更应该努力实践，以不枉此生。

鬼神的永生，不在于外形，否则相当恐怖，也很难妥善因应。中国人不讲求宗教仪式，主张随缘即可，因为我们重视的，是鬼神的德性。无形无迹，却便于感通。品德高的为神，低的为鬼。我们只会说"有钱可使鬼推磨"，从来没有人认为有钱可以买通神明。如果不问合理与否，全部都有求必应，恐怕已经不是神鬼，而是恶魔了。善心引善神，邪心招来恶魔，这又是另一种自作自受！

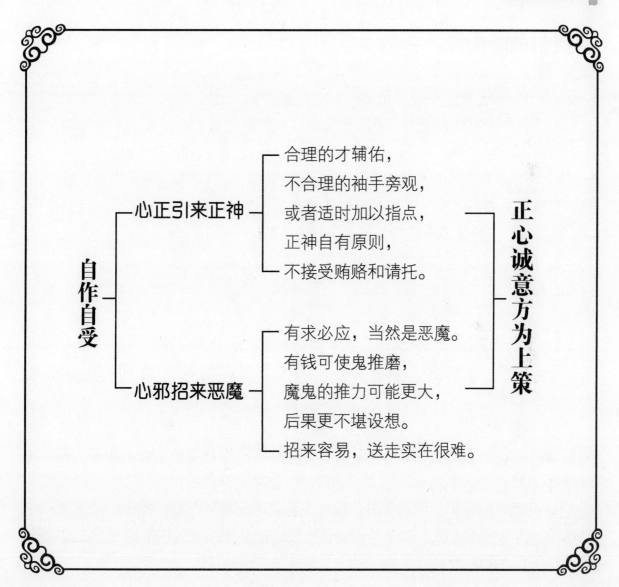

自作自受

心正引来正神 —— 合理的才辅佑,
不合理的袖手旁观,
或者适时加以指点,
正神自有原则,
不接受贿赂和请托。

心邪招来恶魔 —— 有求必应,当然是恶魔。
有钱可使鬼推磨,
魔鬼的推力可能更大,
后果更不堪设想。
招来容易,送走实在很难。

正心诚意方为上策

我们的建议

1．"天"无所不在，无所不知，也无所不能，这是事实。但是天并不采取"无所不管"的策略，否则人就难以发展自主性和创造力。所以天只管大事，小事仍然由人自主。如此一来，天才看得出什么人比较上进，以资考核。

2．天高高在上，人自觉渺小，倍感天意难测。这时候有人测出天意，替天行道，大家便尊敬如"神"。人活着会变，有时测得准，有时测不准。死后盖棺论定，品德良好又经常测得很准的，就会被大家封为"神"。

3．后来"人死为神"的观念，由亲及疏，先由自己的祖先开始，扩大到各方神灵，都尊称为"神"。我们信仰"一天多神"，并不是一般人所说的"多神"崇拜。

4．天和人之间，有神做媒介。我们在神前占卜，不过为了增强公信力。但是，不论如何，都必须诚心诚意地占卜，不能视为儿戏，迄今仍然是占卜的必要心态，不可轻忽。

5．神还要依赖天，人怎么能够依赖神？我们敬天，希望获得神的辅助，而基本条件，仍在于自己必须争气，一心向善。易学到了孔子，已经奠定了这种良好基础。

6．人在宇宙间的地位，能赞天地之化育，实在非常崇高。我们应该以替天行道自居，不宜把神当做天看待。去私心存公道，不可以求鬼神特别呵护。敬神不能迷信，方为正道。

第十章　易学的功能到底是什么？

研习易学，可以有不同的目的，
但是真正的功能，在于"心易"。

用心改变自己的行为，
提升自己的品德修养。

品德良好的人，有占卜的资格，
看看求雨能不能应验便知道了。

外界环境不容易加以改变，
寻求妥善自处之道比较实在。

求神不如求人，求人不如求己，
自己的事情自己调整，效果更如意。

人人各有一套，还要有两把刷子，
看起来很紊乱，实际上是乱中有序。

一、真正的功能其实是心易

研修易学，真正的功能，是改变自己的命运。方法十分简便，就是以自己的心，来改变自己的行为态度。也可以说，用心选择合乎自己需求的人生途径。简单一句话，用心变易，所以叫做"心易"，和"心想事成"是一样的。很可惜一般人只知道把"心想事成"当做祝福用的祈愿语，却不知道它原来是一种可以成为事实的叙述语。

起心动念，想正确的事，表现出合理的行为态度，事情就顺利地完成了，这不是很简单、方便、愉快吗？

《易经》的卦爻辞中，经常出现"贞"字。如"乾，元亨利贞"（乾卦卦辞）、"坤，元亨利牝马之贞"（坤卦卦辞）、"含章可贞"（坤卦六三爻辞）、"屯，元亨利贞，勿用有攸往"（屯卦卦辞）、"女子贞，不字，十年乃字"（屯卦六二爻辞）、"小贞吉，大贞凶"（屯卦九五爻辞）等等，其中的"贞"字，原本指"占卜"。而占卜的主要作用，在预测吉凶。系辞上传说："极数知来之谓占。"意思是占卜的目的在"知来"，预知未来是吉还是凶。知道了，怎么因应呢？能改变结果吗？恐怕未必。能改变外在的环境吗？实在很困难。能改变他人吗？并没有把握。看来趋吉避凶，全在于自己的合理调整。至于结果如何，外界能不能稍有配合，恐怕不是自己所能够控制的。

我们所能做的，应该是知所自处。也就是调整自己的态度和行为，以求趋吉避凶。"心易"的意思，便是依据占卜的结果和《易经》所说的道理，来合理变易自己的言行态度。

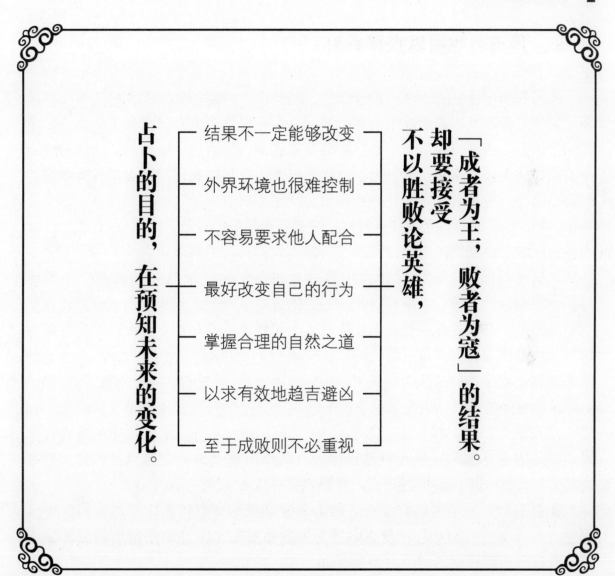

占卜的目的，在预知未来的变化。

- 结果不一定能够改变
- 外界环境也很难控制
- 不容易要求他人配合
- 最好改变自己的行为
- 掌握合理的自然之道
- 以求有效地趋吉避凶
- 至于成败则不必重视

「成者为王，败者为寇」的结果。

却要接受

不以胜败论英雄，

二、不占卜也可以妥善自处

孔子提出"不占而已矣"的观点，主要在占卜准不准，牵涉到很多问题。若是假手于人，怎样判断这个人居心如何？假定自己占卜，又有多大的信心？求神问卜，各人的解说经常不一致，到底要听谁的？何况占卜的目的，不在接受占卜的结果，而在调整自己的行为，以趋吉避凶。既然如此，按照道理做人做事，时时立公心，事事求合理，处处都谨慎，就用不着占卜了。曾子的每日"三省吾身"，随时提高警觉，常常如履薄冰，应该就是最好的实践。

占卜的正确用法，应该是针对不方便明说的人，讲解道理之用。周朝设置专门负责占筮的官员，每逢国家大事，都由他占卜，然后透过占卜的结果，向君王讲授一些相关的道理，以免有冒犯或轻视的嫌疑。一般人如果以占卜来发现自己现有的处境，寻求妥善自处之道，实在也无可厚非。但是每卜一卦，都应该用心研究其中的道理，而不是只问吉凶。这样累积下来，对于卦爻辞愈来愈熟悉，相关的道理也愈来愈明白。遇到事情，稍为冷静下来，很快就会明了自己的处境，寻思妥为自处的因应，也就可以不占了。

占或不占，我们尊重每个人的选择。只是占卜之后，还是要善尽努力，不可以知道吉凶的结果，便全盘地接受，什么事情都不做，放弃自己的自主性和创造力。如此一来，就算占到吉，恐怕也会变成凶。

妥善自处，还需要随时应变，因为内外环境的变数很多，不可能固定下来后便一劳永逸。"时中"的要求，最好常常放在心上。随时提醒自己：即使不占，也应该有趋吉避凶的能力与准备。

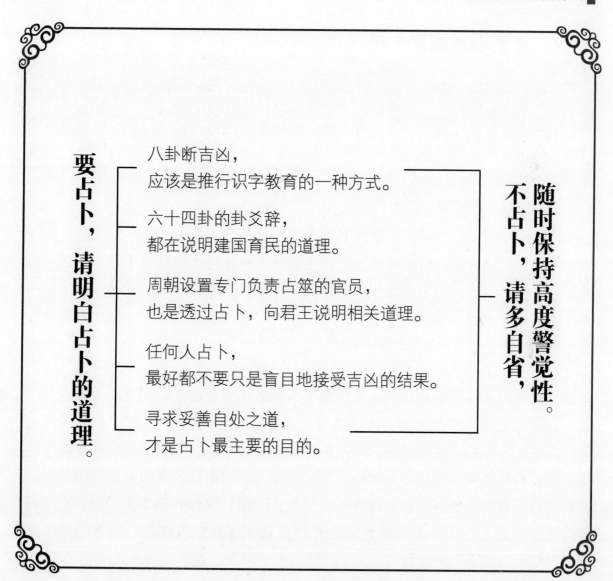

要占卜，请明白占卜的道理。

八卦断吉凶，
应该是推行识字教育的一种方式。

六十四卦的卦爻辞，
都在说明建国育民的道理。

周朝设置专门负责占筮的官员，
也是透过占卜，向君王说明相关道理。

任何人占卜，
最好都不要只是盲目地接受吉凶的结果。

寻求妥善自处之道，
才是占卜最主要的目的。

随时保持高度警觉性。
不占卜，请多自省，

三、重视道德实践才是根本

系辞上传记载孔子的一番话：《易经》是做什么的呢？是开创万物，成就事务，包容天下万事万物的道理。圣人以《易经》来通晓天下人的心志，确定天下的大业，决断天下的所有疑难。因为《易经》本身没有思虑，也没有作为，它寂静不动，却能够透过阴阳的交感，通晓天下万事万物。要达到这样的境界，必须重视道德实践，具有美好的德行。

孔子的用意，在唤醒我们本有的自由意志，也就是自主性。人的尊严，实际上系于高度的自主性。若是完全接受占卜的结果，那就是放弃自主，接受命运的摆布。重视人性尊严，不可能如此。若要发挥自由意志的力量，必须以道德实践来改变自己的言行态度。所以《易传》把"贞"字解释为"正"，和周文王重卦时用做"占卜"，有着极大的不同。

以"贞"为"正"，是不计较成败而重视得失的重大改变。成败的标准比较复杂，所牵涉的因素很多。从某一角度来看，很可能是成，而从另外的角度来看，却可能是败。有时对"忠孝难两全"的抉择，就很难分出成败。得失的标准，相对比较单纯。实践道德而有所得，便是得，反之即为失。忠孝两全难以兼顾，是国和家的需要不同。依据各人不同的情况和价值观，比较容易做出此时、此地对自己有所得的决定。当年齐桓公杀死公子纠，管仲并未以死相报，孔子说管仲不算是有仁德，却又赞扬他辅佐齐桓公对于保存中原种族和文化的伟大功绩，说他是一位了不起、有功于天下后世的大政治家，便是很好的案例。

把「贞」字解释为「正」

贞的原意是占卜

易传却解释为正

重得失而轻成败

发挥高度自主性

人性才具有尊严

以道德实践，来衡量得失。

→

乐天知命，可以无忧。

四、道德实践不能保证成功

我们说"人同此心，心同此理"的时候，只想到中华文化的普遍性、广大性和悠久性。而当我们想起"人心不同，各如其面"时，我们又会怎样解释？是不是想到同样身为中华民族，却由于种种原因，各有其特殊性、狭小性和短暂性？易学所重视的"时"和"位"，便是提醒我们，随着身份、场合、时机、情势的变迁，合理的标准也会有所不同。圣人和盗贼，各有不同的道。虽然说"盗亦有道"，毕竟和"圣人之道"大不相同。同样是运用科技，有的对人有益，有的却对人显然有害。

孔子说过："君子之道有四件事，我还没有做好一件：为人子事奉父母应该做的事，我尚未完全做好；做臣子事奉君上应该做的事，我还没有完全做到；做弟弟的敬兄长应该做的事，我都没能够做到；朋友之间互相对待应该做的事，我也不能以身作则，率先做好。"圣人尚且如此，一般人想要"平常的德行尽力实践，平常讲话力求谨慎、说话时顾到能否实践，而做事时也要考虑到自己所说的话"，实在是谈何容易！我们常常觉得很不服气，这样尽心尽力，怎么不会成功？想想孔子的话："人莫不饮食也，鲜能知味也。"天天都在吃东西，却只有很少的人，能够品尝真正的滋味。现代人的智慧，大多被知识淹没了，缺乏选择的能力。太多的人，都在好心做坏事，自己还不能知晓。在这种情况下，徒叹"好人不长命，祸害活千年"又有什么用？不如好好反省，看看是不是定位出了差错？

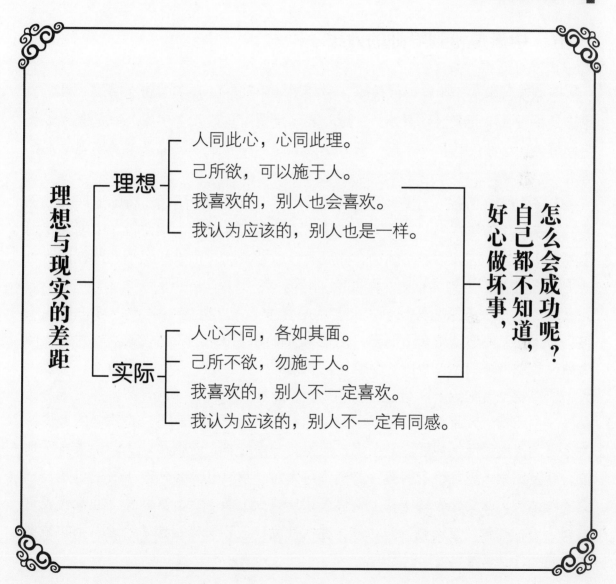

理想与现实的差距

理想
- 人同此心，心同此理。
- 己所欲，可以施于人。
- 我喜欢的，别人也会喜欢。
- 我认为应该的，别人也是一样。

实际
- 人心不同，各如其面。
- 己所不欲，勿施于人。
- 我喜欢的，别人不一定喜欢。
- 我认为应该的，别人不一定有同感。

怎么会成功呢？自己都不知道，好心做坏事，

五、中庸是恰到好处的效果

道德实践要求产生良好的效果，必须"致中和"，合乎中庸之道。"中"的意思是百发百中而又恰到好处，"庸"表示用得有功效。"中庸"就是道德实践恰到好处，必然成功。并不是一般人所说的"走中间路线"或者"骑墙观望不置可否"，当然，也不一定"不走极端"。

孔子主张"正名"，提示我们君君、臣臣、父父、子子相对待的道理。"正名"就是易学所重视的"正位"，我们常说中国人和外国人相比较，中国人特别重视身份地位。这句话是正确的，并没有什么不妥。可惜一般人不理解，误以为中国人喜欢摆臭架子，造成人际间的不平等。

系辞上传，开宗明义便点出："天尊地卑，乾坤定矣。卑高以陈，贵贱位矣。"天在上而尊，地在下而卑，这是人人都看得出来的自然现象。乾为天，坤为地，乾尊坤卑的地位也因此而确定。投射到人类社会，身份地位愈高，愈接近天，所以君王自称天子。身份地位愈高，愈是和天一样，一言一行，都是千目所视，千手所指，大家都看得到，明的暗的都加以批评。尊卑不过是高低的地位，并不一定高就贵而低便贱。高要贵，还得费一番心神，花很多功夫，讲求身份地位，就要比别人更加小心翼翼，时刻不可大意。易卦初爻，代表平民的位置，三爻代表诸侯，四爻代表卿士，上爻代表宗庙或太上皇。二、五两爻，通常代表皇后和天子，各有定位，也各有名分。现代社会，应该怎样定位才合理？不妨依据实际现况，以求做出合理的定位。

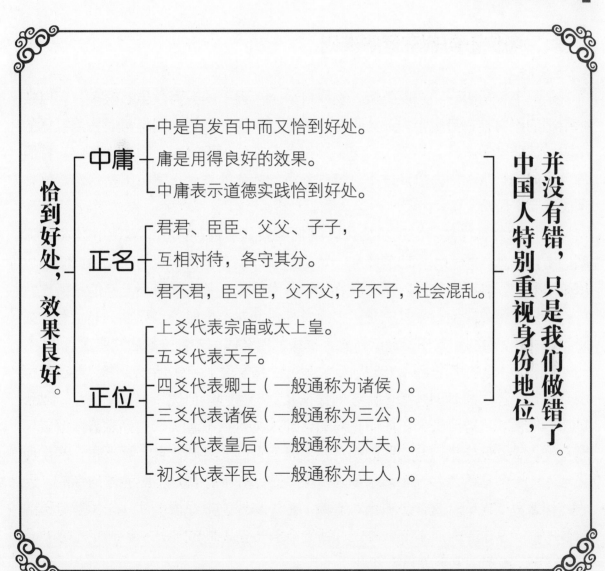

恰到好处，效果良好。

中庸 ── 中是百发百中而又恰到好处。
　　　　庸是用得良好的效果。
　　　　中庸表示道德实践恰到好处。

正名 ── 君君、臣臣、父父、子子，
　　　　互相对待，各守其分。
　　　　君不君，臣不臣，父不父，子不子，社会混乱。

正位 ── 上爻代表宗庙或太上皇。
　　　　五爻代表天子。
　　　　四爻代表卿士（一般通称为诸侯）。
　　　　三爻代表诸侯（一般通称为三公）。
　　　　二爻代表皇后（一般通称为大夫）。
　　　　初爻代表平民（一般通称为士人）。

并没有错，只是我们做错了。中国人特别重视身份地位，

六、名位不同各有行事准则

系辞上传指出："方以类聚，物以群分。"天下的人为数虽然很多，可以按照类别的不同，各自聚合，成为不一样的族群。天下万物，同样可以按照群体的不同，彼此有所区分。只要人、事、物都各归其位，而又表现得各当其位，按照各自不同的行事准则，扮演好不一样的角色，社会的秩序正常，国家治理得好，人民就要安居乐业了。

现代社会日趋复杂而且多变化，我们要做到道德、宗教、政治、国家、家庭、学校、社区等等，都能够谨守一定的分际，实在是谈何容易？政治归政治、宗教归宗教、社区归社区、家庭归家庭，各当其位，各自保持不一样的独特性，然后再讲求彼此之间的相互关系。因为各种活动并不可能各自孤立，必须有所关联。这种分中有合、合中有分的做法，保持乱中有序，才合乎易理的要求。

近百年来，我们羡慕西方的科技发展、生活富有、自由活泼。穷到连志气都没有了，竟然用西方的标准，反过来检视我们的言行，把优点也看成缺点，以致自信心低落，自尊心丧失。明明是对的，却被骂得抬不起头来；好意被误解成坏意，好人被看成坏人；有功劳的挨骂，没有功劳的受奖励；自己看不懂，却反而笑别人；不知道的人，说起话来最大声……凡此种种，都是不明易理的缘故。无心，却造成很大的祸害，必须正本清源，把《易经》好好读一读，先了解自己的所言所行，原来是有所本的，不过和西方人有很多不同的地方，不一定是错的。把自己的"心易"功夫做好，才能走上正道。

这才造成扭曲和错乱。
看不懂自己的所言所行，
主要是我们不明白易理，
今日的社会乱象，

还有两把刷子。
人人各有一套，

无论道德、宗教、政治、经济，

还是国家、家庭、小区、学校，

每个人都应该谨守一定的分际，

然后才讲求彼此之间的关系。

由于身份、地位并不相同，

所以人人各有一套。

为了因应不同的特性，

还要同时拥有好几把刷子。

看起来乱七八糟，毫无章法，

实际上却能够一以贯之。

我们的建议

1．《易经》的道理，并没有错，是我们看不懂，听不明白，也想不通，所以造成很多误解。其实我们所言所行，很多仍然依据易理，可惜知其然而不知其所以然，不容易拿捏得恰到好处，反而产生很多流弊，令人失望。

2．《易经》重位，有人说换了位置便换了脑袋，这是对的。只不过不该换的换了，该换的部分却反而不换，当然要挨骂。换是换了，换得不能恰到好处，自己活该受罪。

3．中外文化交流，主要靠翻译。这是高度困难的事情，翻错了会引起双方面的误解。我们又习惯于望文生义、不求甚解，而且自以为是，因此造成很多扭曲、错乱和冤枉。好像谁也没有错，通通是翻译惹来的祸！

4．西方人说"公平"，即是"不能不公平"。我们说"公平"，大家都心知肚明，便是"有一点不公平"。可惜我们现在用西方的标准来检验我们的话，请问公平吗？

5．我们的资源有限，机会也不充足，根本没有公平的可能，做得到"合理的不公平"，大家就已经心满意足。为什么一定要欺骗自己，凡事都要求一视同仁地公平对待，是不是有一点可笑？

6．诸如此类的问题很多，除非恢复易理的标准，否则我们永远看不清楚自己到底是怎么回事。很多人一辈子不了解自己，我们又不方便明说，只好祈祷他能自己回头了。

结 语

二十一世纪来临时，全世界一片欢呼，期待跨越一千年才有一次的千禧年，怀抱着美好的愿望，迎接光明的未来。然而，似乎事与愿违，一年又一年过去，我们发现纷争依旧，还不断加上新的挑战。气候异常，天灾的频率加快，严重性也升高，对人类构成十分可怕的威胁。

人类能不能活过二十世纪，曾经引起广泛的讨论。如今进入二十一世纪，大家的信心，建立在"和平与发展"的兼顾并重，经由各方的努力，已经有了初步的共识。

和平与发展必须相辅相成，人类才可能有光明的未来。这使我们想起《易经》乾卦的象辞中明白指出："保合太和，万国咸宁。"太和是阴阳会合时，保存和谐的元气。各国的文化不同，必须秉持"和而不同"的原则，彼此包容，互相尊重，由万国共同组成的地球村，才有安宁的可能。和平友好，共同合作，谋求有利于人类社会的发展。

二十世纪最不幸的话语，应该是"求新求变"，造成大家只要不违法，什么花样都可以玩，只要是新的，仿佛便是好的。变到政府管不了百姓，老师管不了学生，而父母也管不了子女。种种乱象，都把责任推给了"时代不同了"这一句陈腔滥调。即使想负起责任，也挡不住"一切一切都在变"的借口，导致大家都乱变，谁都没有办法。

　　易学告诉我们：有常才有变。坚守常则，才可以应变制宜。必须有所不变（守常、守经、有原则），然后合理地有所变。只能够合理应变，千万不可以为变而变。变到离经叛道，大家都受害。

　　西方人把"易经"翻译成"The Book of change"，以致"只看到变易的一面，却忽略了不易的重要性"。现代西方人，比较明白变易与不易缺一不可的道理，已经将"易经"直接翻译成"I-Ching"。可惜"求新求变"，流传了这么久，受害的人成千上万，要找谁求偿呢？

　　"男女平等"的观念，是建立在"男女不平等"的实际情况，才提出来的。西方人"平等"和"不平等"是相反的，男女平等，便要废除所有的不平等，以致男女有别，也要变成不男不女，实在十分可悲。

　　现代人只恋爱不结婚，只结婚不生小孩，有了子女，照样想离婚就上法庭，都是由于不明白"男女有别"的道理。《易经》由天尊地卑，投影为"男尊女卑"，完全没有不平等的意思。但是长久以来，大家食古不化，解释不当，再加上西方的"男女平等"的推波助澜，大家都不敢说实在话了，只敢表面上虚伪应付，对于男女有别，不方便明说，以免被扣上大男人主义的帽子，有口难辩。

　　我们现代有很多乱象，实际上来自颠倒乾坤，男人不像男人，女人也不像女人。特别是"坤道"错乱，弄得"乾道"不振，没有一个男人，敢说自己是"大丈夫"。

　　当务之急，应该是赶紧走进乾坤的《易经》大门，好好了解其中的奥妙。我们的下一本书，就是《走进乾坤的门户》。期待和各位同道，一起来探讨"乾"、"坤"这两个卦，何以重要至足以影响人类的正常生活？

附录

易理可以化解二十一世纪的重要难题

一、二十一世纪的重大难题

二十一世纪人类濒临灭绝的边缘，已经不再是危言耸听，而是如何有效因应的问题。我们的重大难题，至少有下述十项：

1. 自古以来，创造发明便是人类文明进步的主要动力。现代加上一层强有力的保护，称为"智慧财产权"，导致财富集中，同时也造成严重的生态危机。倘若主导者敌视和平，用来制造大量的杀人武器，人类岂能不同归于尽？

2. 全球化首先出现在经济领域，导致发展中国家不得不让出部分主权，接受发达国家的贸易条款，以换取资金和技术。这种残酷的经济战争，引起激烈的反抗，造成十分明显的本土化与全球化的冲突，实在很难化解。

3. 不正常的经济发展，导致全球各地贫富两极化的不良现象，愈来愈悬殊。M型社会的造成，应该视为人类的耻辱。却不幸被少数人视为理所当然，而大肆渲染，势必造成社会的不安，并且促使教育企业化，重利轻义。

4. 世界要和平，国家要发展，是新时代共同的要求。但是和平与发展，却很难取得平衡。恐怖主义的阴影，令人愈反愈恐，不寒而栗，对正常发展构成莫大的阻碍。连世界奥林匹克运动会，都难以和平进行，遑论其他！

5. 宗教自由导致邪教林立，而正教不敌邪教，也是不争的事实。因为正教守规矩，邪教却经常不择手段。然而，没有宗教和平，便不可能有世界和平。如何促使各宗教和平共处、互相尊重，也是非常不容易的难题。

6. 地球资源被浪费，自然生态被破坏，弱势族群被欺压，社会正义被漠视，都已经是十分明显的事实。但是由于见利忘义，往往避重就轻，以致整个局势逐渐失去控制。无辜大众觉得既无奈又无助，不知如何是好。

7. 现有的普世价值，大多由西方主导，造成今天的危机，迫使大家不得不重新加以检讨，亟思有所突破，做出合理的调整。这又可能引起文化战争，在各种人类文明的艰难险阻中，添增很多意想不到的麻烦，令人忧心不已。

8. 大众媒体发达，直接入侵家庭，使得父母难以妥善教育子女。传播界又以收视率为评核标准，造成叫好不叫座，因而劣品驱逐良品，对儿童的身心，带来很多负面的影响。学校教育，也是问题重重，几乎无法挽救。

9. 人类本有个别差异，每个人都应该要做不一样的人。然而现代教育采取一致的内容，趋向共同的标准，把原本不一样的人，教成几乎一样的"平均人"。既不合乎人性要求，对人类社会的多元配合，也造成十分严重的障碍。

10. 电脑普及，使人类读、写的能力，大幅度降低。电子游戏，使人不知不觉，以有限的体力和无限的电力拼搏，也以宝贵的时间和廉价的线上人物对抗，相当于活人与死人作战，实在是残忍的愚昧举动，但情况却愈来愈失控。

二、这种种难题要易理来化解

我们放眼望去，能够解决以上各种难题的，除了易理之外，几乎找不到有效的途径。兹说明如下：

1．上述十大难题，表面上看起来，似乎十分广泛，牵涉到很多层面。但是，深一层看，再合起来想，不难找出真正的根源，便是坎（☵）所显示的道理，由"水能载舟，也能覆舟"，推论出人类的文明，实在是"成也科技，败也科技"。透过科技发展，"变而通之以尽利"，可以说是文化发展的通则。自古代伏羲氏结绳作网，一直到现代的互联网，莫不如此。问题是变而通之而尽利的"利"，产生严重的扭曲，使我们不能不重温"元、亨、利、贞"四德，来追根究底，直探病源。

2．元、亨、利、贞的解释，并不是因人而异，而是具有很大弹性，可以从不同的角度，来加以理解。元是开始，由于开始之前，大多经过一番努力，做好充分的准备，因此大多能够亨通，也就是现代所说的荣景。一片荣景所产生的利，才是真正的关键所在。没有利害关系，人类自然和平相处。一旦利害当前，情况便十分紧张。即使引起争讼，也不足为奇。贞即为正，表示真利、正利、美利，才是合理的利，也就是与义会通，义利相济的利。也只有正利，能够顺利地贞下起元，而生生不息。

3．现代人相信知识，认为"知识即权力"，利用知识来提升生产力和竞争力。十八世纪末工业革命以后，科技主导人类文化的发展。有人说短短的两百年，超过工业革命发生以前一两千年的变动。科技发展，一方面为人类社会带来进步与繁荣；另一方面，也衍生出许多非常严重的问题。而这些严重的问题，并不是科技所能够解决的。如果可能的话，老早就动手了，怎么可能愈拖愈严重呢！现代若干国家，已经订定法律，明文规定科技发展，必须合乎人类生存的利益，否则便依法禁止。但是仍然有些国家表示欢迎，何况秘密研究发展，也是防不胜防。

4．若能按照离（☲）卦的现象，将人类文明的发展过程，做深切的省思，应该可以找出化解的要领。

初九爻辞：履错然。敬之，无咎。

告诉我们，人类文明的发展，由远古开始，都是从"尝试错误"着手，难免有方向不明、步履错乱的象。必须敬慎从事，以防止迷失方向，才能够无咎。

象辞说：履错之敬，以辟咎也。

只有凭良心，朝人类生活有益的方向迈进。即使有一些缺失，也不致造成严重的后遗症，所以无咎。

六二爻辞：黄离元吉。

六二是离卦的卦主，居中普照，构成全卦的文明气象。离的意思，是附着。"黄"象征中和性。卦象上下通明，六二居下卦中位，又能附着于原来本有的公正性与合理性，所以大可吉祥。

象辞说：黄离元吉，得中道也。

意思是文明发展，不能偏离中道，才能吉顺。

九三爻辞：日昃之离。不鼓缶而歌，则大耋之嗟，凶。

日过午为昃，六二如果代表工业革命，能保持柔和中正而为人类生活谋求正利，得中道而元吉，令人振奋。电脑问世之后，科技发展有如过午的太阳，逐渐西移。不鼓缶而歌，表示歌者不与乐器配合，便随兴高歌。耋的意思是老大，大耋之嗟告诉我们：好不容易发现六二这样合乎中道的文明发展，竟然经不起考验。到了九三，电脑问世之时，便如夕阳那样，逐渐偏离中道，实在令大老伤心感叹，因为凶象已经出现了。

象辞说：日昃之离，何可久也。

人类漫无节制，听任电脑控制科技，灭亡的危机，已临近了。这样的文明，当然不可能长久。

九四爻辞：突如其来如，焚如，死如，弃如。

最近我们所遭遇的变化，确实像九四爻辞所说的：文明附着于科技，结果却烧毁了文明。种种突如其来的变化，譬如气候异常、灾难频传、海水高涨、物种消失、病变增多，令人产生引火烧身、等待死亡、被人遗弃的不祥感觉。科学家刚开始还不肯也不敢承认已经闯下大祸了，后来也不得不承认，科技有如魔鬼，给人类一些甜头，便反过来要人类的命。

人类的处境，请看六五爻辞：出涕沱若，戚嗟若，吉。痛哭流涕，怨天尤人，忧伤悲戚，感叹不已。这样怎么会吉呢？因为象辞说："六五之吉，离王公也。""王"指六五本身，而"公"为上九。"离"还是附着的意思。六五是现代人类的状况，上九则是古老易理的中道。若是两者附着在一起，透过中道来挽救现代人类的危机，自然顺吉。

上九爻辞：王用出征，有嘉折首，获匪其丑，无咎。

上九阳刚，果敢有为，基于勤王的需要而出征，大获全胜。但是只杀元凶，并不捕获其附从的同类。恢复太平基业，却不滥杀无辜，所以无咎。

我们当然不能完全抹杀科技的贡献，也不可能，更不应该全面禁止科技发展。我们所能做的，是请出易理，将科技发展的元凶斩杀，易理自身也不趁机造反，抢夺科技的地盘。因为象辞说："王用出征，以正邦也。"这一次把易理请出来，是为了以光明灭黑暗，求得人类文明的正常发展。

5. 易理的要旨，在致中和，也就是前面所说的中道。中这个字，从阴阳两仪的图腾演变而成。天地间各种变化，都离不开阴阳的交易和互动。宇宙间两两相对，相生相长，时时求得静而时中，动即和谐，便合乎化成万物的致中和要求，即为中道。不幸的是，人好像天生具有偏道的倾向：做任何事情，非做到过分，犹如"语不惊人死不休"般。最好的办法，便是把离卦和坎卦合而观之，逐爻比对，就会看出很多助益。

离卦初九的"错然"，和坎卦初六的"陷入难以自拔的漩涡"，前者无咎，而后者凶。从事科技研究和应用的人士，唯有谨慎、敬慎，力求合理，才可以无咎。否则有如不谙水性却掉入漩涡中的旱鸭子般，自然十分凶险。

离卦六二的"居中普照"，和坎卦九二的"小心谨慎；凡事大处着眼，小处着手"，同样是得中道的良好效果。科技发展合理化，必然是得道多助的不二法门。

离卦九三的"日昃"和坎卦六三的"愈陷愈深"，都在警惕科技发展，不可骄傲自大，而自以为是。否则势必有如夕阳那样，很快掉入西方，并且愈掉愈深。

离卦九四的"突如其来"和坎卦六四的"诚信"，前者无所容身，而后者最终安全脱险，提供科技发展在初向偏道，有所倾斜时的两种选择。依离卦九四则自焚焚人，按坎卦六四，尽心竭力谋求解救，终能无咎。

离卦六五的"出涕"和坎卦九五的"不骄"，都由于具有先见之明，知道天助己助者，唯有人类自求多福，才能自天佑之，吉无不利。

离卦上九的"出征"和坎卦上六的"陷险愈深"，刚好成为对比。表示人类知道易学可以化解当前的文明危机，却由于离为火，愈上面受烤愈热而提高警觉。而坎为水，愈接近水面愈觉得轻松脱险，以致大意失道，反而掉落深处而凶。

三、将现有普世价值合理化

人是观念的动物，具有什么样的观念，便会产生什么样的行为态度，而具有什么样的行为态度，也就造成什么样的关系，因而产生什么样的效果。现有的普世价值，长久以来，透过不断的宣示和教导，已经成为现代人的共同观念。特别是知识分子，更是如此。由于具体的效果，证明这些普世价值显然出了偏差，并不符合二十一世纪的需要，有必要加以调整。

要调整普世价值，岂不是兹事体大？恐怕要花上好几百年！若是依据易理的"中道思维"，应该是说改就能改，而且大家不会不赞同。

中道便是合理化，我们将现有普世价值，或前或后，都分别加上"合理"

两个字。譬如"宗教自由",改成"合理宗教自由";"言论自由",同样改成"合理言论自由",岂不是十分方便,又能有理由不赞成吗?

合理的创造发明,有助于文明发展;合理的全球化,可以减低本土化的抗争;合理的贫富差距,当然减少社会问题;合理的和平发展,恐怖气氛随着降低;合理的宗教自由,有利于正教的教化;合理的仁智并重,义利兼顾,必然普受大众欢迎。现有普世价值合理化,并没有文化战争的疑虑。合理评核媒体产品,对教育正常化十分有助益。合理地维持个别差异,符合多元化的需求;合理使用电脑,能帮助人类更有效率地运用大脑,必然是好事一桩。

但是,什么才是合理?不免又将引起争论。因为各有不同背景,各持不一样的见解,如何能建立其共同的标准呢?答案是:本来就不应该求其一致。《易经》乾(☰)卦象传指出:"保合太和,万国咸宁。"地球村应该保持"和而不同"、"求同存异"、"大同之中包容小异",才能够真正达到万国都安享太平的全球化目标。

四、慎防成也易经败也易经的流弊

《易经》由于其占卜的功能,避过秦火,实在是人类的大幸。然而,《易经》也因此而遭受莫大的曲解,认为《易经》主要功能即在占卜、算命、看风水。多少人名为《易经》哲学大师,对易理的大用,完全不能体会,致使《易经》流于小用,实在也是现代人类很大的不幸。

　　我们不否认占卜、算命、看风水，是《易经》的功能之一。但是不能由于这些小用，淹没了《易经》真正的大用。大用就是应用在大事上面，对二十一世纪人类的重大难题，提出合理的指引，也提供合理的方法。

　　首先，我们必须正本清源。还原《易经》的真面目，以减少大家心中的疑虑：如此古老的东西，能够化解现代的难题？是不是太一厢情愿，过分牵强附会呢？

　　不论伏羲氏画八卦是个人还是集体创作，也不论伏羲氏画八卦原来的用意是什么，《易经》被当做占卜的工具，应该是顺理成章的发展。但是，孔子提出"敬鬼神而远之"的原则，主张"不占而已矣"从易理的阐扬，逐渐提升《易经》的大用功能。其中受到政治的干扰，难免产生扭曲的现象。譬如系辞上传记载"天尊地卑，乾坤定矣"，天尊地卑应该是形态上的差异，站在人的立场，天高高在上，而地则可以被踩在脚底下。后来都被当做贵贱的价值判断，作为重男轻女的依据，实在非常不合理。各卦爻辞，出现"吉、凶、悔、吝、无咎"，经常被当做"铁口直断"的用语。而实际上《易经》所揭示的吉、凶，则依一定条件，能够由人来加以转化，关键仍在当事人身上，仍然以人为主，可以合理地趋吉避凶。以乾（☰）卦为例，九三无咎，以日夜警惕戒惧为条件，做得到，便能无咎。若是做不到，当然不可能无咎。九四无咎，条件是或跃在渊。倘若所蓄积的阳刚不足，腾跃不上去，必有祸害。上九有悔，条件是高亢。一味亢进，有悔；如果适可而止，怎么可能有悔？

　　我们常说乾卦是《易经》的第一卦，其实应该修正为"乾坤"两卦，并列为《易经》第一卦。因为单独看乾卦，有很多地方看不明白。单独看坤卦，也是不够清楚。而且乾卦中有阴柔隐在其中，坤卦中也有阳刚的潜伏，这才符合"阳中有阴，阴中有阳"的规律。正如男性的身体，也有女性荷尔蒙，而女性体内，同样有男性荷尔蒙，都是与生俱来的。

当年王弼扫象，引起很大的争议。我们现在正本清源，对象、数、理、占都加以尊重。我们只是依据中道的标准，以合理化的原则，来好好阐扬易理。唯有如此，才符合现代化的要求。也比较方便翻成各国语言，使全世界都有机会接触这样的中道思维，满足国际化的需求。尽管《易经》的枝叶早已延伸到海外，引起很大的影响，但是，不合理的部分，如果不加以澄清，纵使大家热心研究，也看不出对二十一世纪将产生如上所述如此重大的影响。

易为群经之始，在我中华民族历史上，起源最早，影响也最为广泛。综观几千年来的演变，可以说中华民族的兴衰，与《易经》具有十分密切的关系。如果说兴也《易经》，衰也《易经》，应该并不过分。治易学者，务须谨守元、亨、利、贞四德，明辨易理，把握阴阳在动态中平衡的精神，以期对二十一世纪人类克服种种艰难险阻，做出良好的贡献。

五、结语与建议

《易经》是象数理的统称。"象"为气化的象，譬如气象。"数"是气化的数，譬如气数。而"理"则是气化的理，譬如我们常说的理气。一气运行，便有形象可见。由于程度不同，时有变化，即有其数。变化有必然的规律，也就是理。象数理的连锁，不但是科学的，也是艺术的，同时又是哲学的，更是伦理道德的。既广大又精致，无所不包，也无所不备。如果缺乏整体的领悟，难免以偏概全，各执一偏。

现代科学家重视系统的显秩序与隐秩序的变化，实际上也就是阴阳的交易与互动。认为"三"是自然界最基本的奇偶组合数，二个"上夸克"与一个"下夸克"可以合成一个"质子"，二个"下夸克"与一个"上夸克"可以合成"中子"。"夸克"（quark）意谓"能量流"，而上与下即为阴与阳。证明八卦的模式，符合自然的基本组合。科学愈发达，愈证实易理的正当性与实用性。

系辞上传说："夫易，圣人之所以极深而研几也。""极深"是研究极为深奥，"研几"则是从动之微着手。古圣先贤，似乎早已明白：事情的变化，物体的运动，莫不从隐微状态开始，然后才由微而显。但是，一般只着重整体变化的结果。我们有了科学的帮助，应该建立微分的概念，加强定量的分析。

黄帝、尧舜时代，由于人口很少，思想单纯，生活平易，因而伦理道德的水平很高。现代人类却由于科技进步，物质文明发达，精神文明低落，表现出阴气渐长，阳气渐消。对人类来说，是一种严重的警示：必须伦理、科学兼顾并重，防患于未然。

我们长久以来，把《易经》僵化了，以致顽固不灵，失去应有的作用；科技发展又使得现代以西方文化为主的普世价值也僵化了，失去了普遍性和合理性。由此可见，"偏道倾向"是人类的共性，如何及早恢复中道思维，已成为当务之急。

兹提出三点建议，敬供指教参考：

第一、人普遍相当主观，不可能完全客观。我们建议以持平的心态，放弃坚硬的框架，更加弹性地解说《易经》。因为易有"变易"，也有"不易"，更有

"交易"。要做到简易，必须赋予更大的弹性，才能发挥《易经》的真正功能。

第二、以经解经，是很好的方式。然而时过境迁，有些文字已经不再使用，加以当时的情况，实在难以明白表示，因此辞句隐晦，而且彼此之间多不相涉。历来各家解释，又使人看不明白。最好尽量采用现代通行的字句，重新加以解说，以资普及，引发更多人士参与。

第三、天地人鬼神，本来就是宇宙间存在的事实。由于鬼神迄今仍属隐而不现的部分，因此只能敬而远之。敬神如神在，同时还要尊重各人自己抉择。我们把天地人当做显秩序，将鬼神看成隐秩序，也就是科学家所说的"一只看不见的手"。这一只看不见的手，和《易经》的"积善之家必有余庆，积不善之家必有余殃"，有密切的关系。

易道的广大，可以通达显秩序和隐秩序而无所不知。显秩序的通达变化，称为事态，而隐秩序的变化不测，便是神妙。显秩序以智能为主，隐秩序以伦理为重。现代人类重智能而轻视伦理，难免失调而有所偏。最好两者并重，先从自己做起，以理智指导情感。人人自觉、自重、自律，以提高自主的尊严。